AF359919

INSTRVCTION ET VSAGE DV COSMOMETRE.

OV

INSTRVMENT VNIVERSEL

pour les dimensions, tant Geometriques que Optiques, Astronomiques & Geographiques : De l'inuention de Iacques Chauuet Champenois, Lecteur & Professeur ordinaire és sciences Mathematiques en l'Vniuersité de Paris.

A Messire Claude de Haruille, Cheualier, Gentil-homme ordinaire de la Chambre du Roy, Sieur de Palloiseau, la Celle, Beaumoret, Fresnay le Gillemert, & Baron de Naynuille.

A PARIS,

Les exemplaires se vendent au mont S. Hilaire, à l'enseigne du Chaudron.

1585.

Auec Priuilege du Roy.

XETRAICT DV PRIVILEGE DV ROY.

IL est permis à Iacques Chauuer, Champenois, Lecteur & Professeur ordinaire és sciences mathematiques en l'Vniuersité de Paris de faire imprimer par tels Libraires ou Imprimeurs que bõ luy semblera, les liures concernans les sciences Mathematiques, par luy composez & à composer, & iceux faire vendre & debiter publiquement si bon luy semble. Et sont faites expresses defenses à tous Libraires de quelque qualité & condition qu'ils soient, de ne s'entremettre ny ingerer d'iceux imprimer ny faire imprimer, vendre n'y distribuer durant la vie dudit Chauuet, sans son exprés congé & permission, à peine de confiscation desdits liures, de tous despens, dommages & interests, & d'amende arbitraire comme plus amplement est porté par les lettres patentes du Priuilege. Par lesquelles ledit Sieur veut qu'en mettant ou faisant mettre vn brief recueil d'icelles, au commencement ou à la fin desdits liures, elles soient tenues, pour deüement signifiez & venues à la notice & cognoissance de tous, comme si expressément & particulierement elles leur auoient esté signifiées.

Signé Pinart.

INSTRVCTION ET VSAGE DV
COSMOMETRE DE IACQVES CHAVVET
Champenois & lecteur ordinaire és Mathematiques en l'Vniuerſité de Paris.

OSmometre (meſure du monde) eſt vn inſtrument general pour les Mathematiques
repreſentāt de premiere veuë la Sphere du
monde miſe & eſtenduë en forme plane,
Bordé des trois ſuperſices planes & vne
courbe faiſant vne figure mixte & le pour-
trait d'vn Ecuiſſon, compoſé de pluſieurs
lignes tant droictes que circulaires par le moyen deſquelles
l'on pourra cognoiſtre le mouuement des corps celeſtes & de
toutes autres choſes appartenant tant à la ſcience de Geometrie & Aſtrologie que Coſmographie.

DIVISION.

CEST inſtrument contient deux faces, la premiere
eſt appellee Sphere plate & horaire, la ſeconde eſt
celle des meſures & hauteurs.

Des parties du Coſmometre.

La premiere partie du Coſmometre eſt l'ance ou armile
garni de ſon aneau (qui eſt la partie de dehors la circonference du bord de l'inſtrument, & eſt commune à toutes les
deux faces) par laquelle pendons iceluy pour prendre toutes
hauteurs & autres obſeruations.

Les noms & parties de la premiere face appellee Sphere plate & horaire.

Seconde partie.

CEſte premiere face appellee Sphere plate ou table ge-
nerale & vniuerſelle (eſt bornee & compoſee comme
il a eſté dict)dont le premier cercle pres le bort repre-

A

sente le Colure solſtitial & meridien vniuerſel qui peut ſeruir
& eſtre prins pour tous meridiens, & s'appelle cercle des Latitudes & Hauteurs: lequel eſt diuiſé en quatre parties egales ou
quartes, par deux lignes droictes ſçauoir celle qui deſcend de
l'aneau par le centre tirant au milieu de la baſe de l'inſtrumẽt,
laquelle peut repreſenter l'Axe du monde, le Colure Equinoctiale, & le Meridien des Iſles fortunez, duquel ce commence à compter la Lõgitude de tous Lieux & Regiõs, & aux extremitez d'icelles ſont les Poles du monde deſquels celuy pres
l'Armile eſt le Pole Arctique, & l'autre oppoſite Antarctique.
L'autre ligne qui coupe l'Axe du monde en angles droicts
repreſente l'Equateur aux extremitez de laquelle commence
les degrez de Latitude croiſſant de 5. en 5. (par ligne plus
longue que les autres) iuſques à 90. finiſſant leur comptes,
au Poſes du monde, ou ce commence à compter les degrez
des hauteurs ou eleuations polaires continuant le meſme nõbre iuſque à l'Equateur, comme il appert aux nombres deſcris ſous iceluy cercle.

Troiſieme partie.

Dedans ce premier cercle ſont pluſieurs moitiez de circonference les vnes finiſſant aux poles & les autres au premier
cercle des hauteurs. Et celles qui finiſſent aux poles repreſente les Meridiens & cercles horaires que l'on peut imaginer tãt
en la ſuperfice du ciel qu'à celle de la terre compaſſez & diſtinguez de degré en degré. Et aucunes deſdictes circonferences
ont des petites marques continuant leur progreſſiõ de 5. en 5.
degrez iuſque à quinze, où il y a plus de marques demonſtrant
les heures egales ainſi qu'il apert en la deſcription d'icelles e-
ſtant au deſſus du tropique de Cancer enuiron le 31. parallele-
les de l'equateur tirant au pole Arctique, commencent leurs
comptes à la partie ſeneſtre du coſté de l'image de la Muſique
vne heure, & ſuiuant ledict parallele ſont deſcriptes les autres
de 15. en 15. degrez finiſſant au cercles des hauteurs ou ſont 12.
heures appellez heures du matin. Et les autres deſcriptes ſous
le tropique du Capricorne enuiron le 31. paralleles (comptant
de l'Equateur tirant au Pole Antarctique) commencent leurs

comptes de dextre ou eſt l'image de l'Aſtrologie tirant à ſeneſtre tenant le meſme ordre des degrez & heures que les autres, appellez heures d'apres midy pour les ſeptentrionaux, il faut prendre le contraire pour les meridionaux, car celles du matin ferôt celles d'apres midy, & celles d'apres midy celles du matin.

Quatrieme partie

Les autres moitiez de circonferences finiſſant toutes au meridié des hauteurs appellez paralleles, ſont ſubdiuiſees en parties egales par l'Equateur, lequel coupe tous meridiens en angles droicts & le monde en parties egales, & de là ſenſuit que les paralleles d'entre iceluy & le Pole Arctique ſont appellez ſeptentrionaux & les autres meridionaux, leſquels ſont comptez & diſtinguez de 5. en 5. de 10. en 10. & de 15. en 15. (ainſi qu'il a eſté dict des meridiens) commencent leurs comptes à l'Equateur & finiſſant aux Poles.

Cinquieſme partie.

Entre les paralleles ſont les quatre petis cercles de la Sphere deſquels celuy que nous imaginôs entre le milieu du 23. & 24. paralleles (de l'Equateur au Nort) repreſente le tropique de Câcer marqué des petites marques de 5. en 5. degrez, & entre 23. & 24. du Su, celuy du Capricorne marqué de petites marques. Il faut entendre le meſme du cercle Arctique & Antarctique diſtant des poles de 23. degrez & demy. Et par le moyen d'iceux tout le môde eſt diuiſé en cinq Zones toutes habitees. Et à l'vne des extremitez du cercle Arctique & Antarctique. marquez, par deux petites eſtoiles repreſentent les poles du zodiaque Arctique & Antarctique. Et la ligne droicte menee de l'vn à l'autre eſt l'Axe d'iceluy.

Sixieſme partie.

La ligne droicte qui eſt deſcrite de la fin des Gemeaux (ou commencement de Cancer) paſſant par le centre iuſque à la fin du Sagitaire commencement du Capricorne eſt appellee Ecliptique & voye du Soleil (repreſente le Zodiaque cercle des planetes) laquelle eſt diuiſee en ſix parties (par lignes plus longues que les autres) deſquelles chacune contient vn ligne defcris auec leurs noms & caracteres, fçauoir fix de la part du Nort & autant de la part du Su. Et chacun d'iceux contient 30. degrez diftinguez de 5. en 5. par ligne plus longue que celle des degrez, & y en a fix feptentrionaux & les fix autres meridionaux felon le precedent Axiome.

Septieme partie.

Entre les meridiens & paralleles il y a plufieurs eftoiles fixes des plus claires & reluifantes du firmament auec leurs noms, figures, & vraye fituation tant en la partie feptentrionale que meridionale, toutes lefquelles font neceffaire tant pour fçauoir l'heure de nuict que pour les eleuations polaires & autres obferuations qui font peculieres, tant à la nauigation qu'à la Cofmographie & Geographie ainfi qu'il apert en fix liures que i'ay defcrit deffus cefte matiere.

Huictiefme partie.

Deffus cefte face il y a vne regle ou index appellé Horizon mobille fur lequel eft defcrit le nombre des degrez de longitude lequel fe doit compter fur l'Equateur, commencent leur compte au meridien des Ifles fortunees tirant à l'Orient de la part de Cancer, lefquels font diftinguez de 5. en 5. iufque à 90. retournant au deffous de l'autre part continuant leurs nõbres iufques à 270. & de là par deffus iufques à 360. lefquels font figurez, compaffez & diftinguez au bord de l'Horizõ la où font deux charnieres, par le moyen defquelles fe coule & gliffe vn Index appellé Curfor. Et au milieu dudict Horizõ fur l'vn des coftez eft le clou ou cheuille auec fa vix, par le moyen duquel & de fon efcrouë font attachez tous les Index à l'inftrument.

Neufiefme.

Finalement il y a vn Index vulgairement appellé Curfor ou Index horaire mobile: Et fur le dos d'iceluy eft defcrit le nõbre des degrez de latitude commencent leurs comptes à la Charniere & tranfuerfoire d'iceluy tirant à l'autre bout où eft le clou de l'aiguile horaire lequel eft diftingué de 5. en 5. & de 10. en 10. iufques à 90. & à chacun cofté font lefdict degrez compaffez & figurez les vns apres les autres comme il appert par la defcriptiõ d'iceux. Et au bout dudit Curfor fur la char-

niere il y a vn pertuis auec ſon eſcrouë dedãs lequel ſe met vne
cheuille auec ſa vixpour ſerrer & deſerrer ledi&t Curſor affin
de l’arreſter ou le laiſſer gliſſer toute & quantefois qu’il en ſera
beſoin. Qui ſera la fin des noms & parties de ceſte premiere
face appellé Sphere plate.

Les noms & parties de la ſeconde face des Meſures.

EN ceſte ſeconde face des Meſures il y a deux lignes
droiĉtes diametrales l’vne deſquelles deſcend de l’armile paſſant par le centre iuſques au milieu de la baſe
de l’inſtrument qui nous repreſente la ligne Meridienne. Et
l’autre ligne diametrale qui coupe la premiere par le centre en
angles droiĉts repreſente l’Horizon vniuerſel aux extremitez
duquel ce commence à compter les degrez des hauteurs &
ceux de la declination du Soleil & diuiſent ceſte face en quatre parties ou quartes egales.

Seconde partie de la ſeconde face.

Ceſte ſeconde partie contient l’eſchelle Altimetre (qui eſt la
baſe de ceſte face laquelle eſt compoſee de pluſieurs lignes
droiĉtes deſquelles celle de la baſe eſt la plus grande, & contiét
en lógueur vn pied de Roy entre ces deux extremitez, laquelle
eſt diuiſé en 48. parties egales deſquelles chacune contient vn
quart de poulce, les deux parties vn demy poulce & les quatre
vn poulce de Roy, en ſorte que ceſte baſe contient douze
poulces, par le moyen de laquelle il ſera aiſé & facile de faire
& compaſſer toutes ſortes de meſure comme perche, verge,
toiſe, & autres meſures fameuſes. Or ceſte eſchelle eſt ſubdi-
uiſee en deux Quarrez egaux par le moyen de l’Horizon, de la
Meridienne, & des deux coſtez qui tombent perpendiculairement aux extremitez de ladiĉte baze ſelon la trentieſme de-
finition & 46. propoſition du premier d’Euclide, & chacū coſté eſt ſubdiuiſé en pluſieurs eſpaces, dont la premiere prochĕ
le bord eſt diuiſee en 240. parties egales, la ſeconde ſuiuante
en 120. comme il appert aux nombres qui ſont deſcris en la
troiſieſme, commencent leurs comptes tant à l’horiſſon vniuerſel qu’à la meridienne, & finiſſant aux extremitez de ladiĉte baſe) croiſſant de cinq en cinq & diſtinguez par lignes plus

A iij

longues que celle des autres parties, lesquels nombres auons continuez iusque à 120. pour la facilité des subdiuisions qui sont necessaire à la pratique de Geometrie, la quatrieme en 60. ainsi qu'il appert au nombre descris en la cinquieme espace, suiuante où ils sont distinguez commencét & finissant leurs comptes comme à esté dit. La sixiesme espace contient les ombres de ladicte eschelle sçauoir *Vmbra recta* aux costez qui font la base, & aux deux autres costez qui tombent perpendiculairement sur icelle *Vmbra versa*. Et ceste eschelle est necessaire pour la pratique & mesure tant des lignes, superfices que corps solides, laquelle auons diuisé en 20. liures comme demonstrerons si apres les vns apres les autres. Et aux triägles mixtes qui sont entre ladicte eschelle & le cercle des hauteurs (qui est le plus proche) sont deux images representant l'Arithmetique & Geometrie fondement de toute la Mathematique.

Troisieme partie.

Aux extremitez des costez de l'eschelle (où est l'horizon vniuersel) il y a vne moitié de cercle proche le bort conuexe cóprenant en soy la Table de la declination du Soleil correspondante à chacun degré des 12. signes du Zodiaque, diuisee en deux parties par vne circonference, dont la premiere pres ledict bord contient les degrez & l'autre les minutes, & cómencent leurs comptes à la ligne de l'horizon, où est le signe d'Aries tendant à l'Armile & finissant à la ligne meridienne, où le plus grand nombre des degrez n'excede 23.

Quatrieme partie.

Apres la declination du Soleil il y a plusieurs cercles ou orbes, desquels le second appellé cercle de hauteur ou vertical contenant les degrez d'altitudes, lesquels ont deux offices: car en les referant au nombre superieur (pres celuy de la declination) lequel nombre est distingué de cinq en cinq iusque à 90. represente les degrez des hauteurs commencent leurs cóptes à l'horizon tant d'vne part que d'autre & finissant aux extremitez de la meridienne. Mais en les addressant aux nombres descris au dessous qui procedent de 30. en 30. demonstre les

degrez de douze signes du Zodiaque, où il sont descris auec
leurs noms, figures, nombres & caracteres pour sçauoir le vray
lieu & declinatiõ du Soleil & de la Lune en chacũ iour de l'an.

Cinquieme partie.

Suiuant apres le cercle des hauteurs il y a celuy des iours de
l'an diuisé en 365. parties desquelles chacune contiẽt vn iour,
& sont distinguez de 5. en 5. n'excedent 31. iour qui est la quantité du plus grand moys selon la constitution du Calendrier
Romain, lesquels sont descris au dessus de leurs nombres cor-
respondant au douze signes du Zodiaque, & par iceux il sera
facile de sçauoir en quel signe & degré du Zodiaque est le Soleil auec celuy de la Lune en chacun iour de l'an, & les aspects
qu'ils ont entre eux.

Sixieme partie.

Entre le cercle des iours & celuy des vens sont les Images
des sept Planettes regardant tous le Soleil (comme leur Roy &
vray directeur) auec le Quarré de la Nauigatiõ duquel le costé
qui est proche l'image du Soleil auec celuy qui luy est opposite & parallele sont diuisez en deux parties egales par la Meridienne, dont la premiere espace de chacune moitié, qui est entre icelle & ses moys *Augustus* & *Nouember* est escrit *Longi-*
tudo Orientalis, la seconde contient le nombre des degrez
de ceste longitude qui sont compassez en la troisieme espace
commencent leurs comptes à ladicte meridienne & finissant
ausdicts moys croissant de 5. en 5. iusque à 90. Et les deux autres moitiez qui finissent à ses moys *Februarius* & *Mayus* sont
descrits *Longitudo Occidentalis* auec ses nombres & degrez.
Les deux autres costez dudict Quarré qui touche l'image de Iu
piter & de Mercure sont diuisés en parties egales par l'Horizon
où les moitiez opposites qui finissent à ses moys *Augustus* &
Mayus sont descrits *Latitudo Septentrionalis* auec les nombres
& degrez ainsi qu'il a esté dict, il faut entendre le mesme de
deux autres moitiez où sont descrits *latitudo meridionalis* auec
ses nombres & caracteres.

Septieme partie.

Dedans le quarré de la nauigation sont descrits vnze cercles

ou orbes repreſentant les Spheres celeſtes, dont en la plus grã-
de qui eſt l'empirée ſont deſcrits les noms des 32. vens que l'on
pratique ſur la mer Oceane deſquels y en a quatre principaux
ſçauoir Nort, Su, Eſt, Oueſt. Leſquels ſont ſituez au milieu de
chacũ coſté du Quarré. Et de ſes quatres ont eſtez compoſez
quatre moyés qui ſont aux quatre coings & angle dudit quarré ſçauoir Norteſt, Northoueſt, Sueſt, & Suoueſt, & de ſes
huiĉt vens ſont compoſez les 24. autres, comme il appert en
la deſcription de leurs noms. La ſeconde Sphere ſuiuante repreſente le premier mobile contenant les 12. vens Grecs, La
troiſieme repreſente le ſecond mobile contenant les 12. vens
Latins. La quatrieme eſt le firmament contenant les huiĉt
vens Italiens dequoy ils vſent ſur la mer mediterranee. La cin-
quieſme eſt Saturne où eſt le nombre des ans commençant à
1584. finiſſant à 1626. La ſixieme Iupiter où eſt l'Index paſchal.
La ſeptieſme Mars où eſt la lettre dominical. La huiĉtieſme le
Soleil où eſt le cycle ſolaire. La neufuieſme Venus où eſt le
nombre d'or. La dixieſme eſt Mercure ou eſt l'Epaĉte. Et la
vnzieſme eſt celle de la Lune contenant le cercle horaire dedans lequel il faut imaginer les quatres elemens, ſçauoir Terre, Eauë, Air & Feu.

Huiĉtieſme partie.

Dedans le cercle horaire & ſur le centre du monde ſe doit
apliquer la petite rouëtte Lunaire auec ſon Index au bord de
laquelle ſont deſcrits 29. eſpaces egales repreſentant les 29.
iours de la Lune plus 13. heures qui eſt le temps de ſa conionĉtion auec le Soleil iuſques à vne autre (qui eſt vn moys Lunaire) commencent à 1. finiſſant à 29. où eſt la ſeĉtion de la con-
iunĉtion, & le point oppoſé eſt celle de l'oppoſition auec ſon
caraĉtere, & dedans ce cercle ſont deſcrits trois figures, ſçauoir triangle, qui repreſente le Trine aſpeĉt de la Lune au Soleil, Quarré l'aſpeĉt quadrat & Hexagone le ſextille: & l'Index
auec ſa rouëtte eſt pour demonſtrer le temps des aſpeĉts auec
le ſigne & degré du Zodiaque que poſſede la Lune à telle heure & à tel iour que l'on voudra, ainſi qu'il ſera demonſtré par
les propoſitions ſuiuantes.

Neufieme

Neufiesme partie.

Ceſte neufieſme partie côtient deux Index qui s'entrecroiſ-
ſent l'vn l'autre, & tournent ſur le centre du clou à l'entour du
Limbe de l'inſtrument, & aux extremitez d'iceux ſont deux
Tablettes percees & fendues pour prendre la hauteur tant des
Aſtres que de toutes Altitudes & autres obſeruations ainſi
qu'il ſera demonſtré par cy apres.

Dixieſme partie.

Finalement, eſt le pertuis du milieu de l'inſtrument qui repreſente le centre du môde, dedás lequel pertuis eſt le clou qui
eſt ataché au milieu de l'Index des Longitudes, appellé Horizon mobile: auec ſon eſcroüe ſont atachez leſdiĉts Index mobiles enſemble auec tout l'inſtrument. Et ſur le bout dudiĉt
clou (ou au milieu de l'Armile) il faut apliquer le compas
marin ou bouſſolle garni de ſon aiguile aimentée, pour demô-
ſtré les 4. parties du monde & autres obſeruations. Qui ſera la
fin des noms & parties de ceſte face des meſures & de tout l'inſtrument leſquels bien entendus & retenus en ſa memoire il
ſera facile de comprendre : ce qui ſera diĉt & demonſtré en
nos Probleſme.

LE SECOND LIVRE DE L'VSAGE
ET VTILITE DV COSMOMETRE.

E liure contient pluſieurs Probleſmes par leſquels
il ſera aiſé de ſçauoir le degré du Soleil, de la Lune
& des Eſtoiles auec leurs Hauteurs, l'heure egale &
inegale tant de iour que de nuiĉt, le Planete qui
domine, l'eleuation Polaire, le poinĉt & la fin du
iour, le leuer & coucher du Soleil, de la Lune, des Eſtoiles, la
quantité du iour, celle de la nuiĉt, le temps que les Eſtoiles
ſont ſur l'Horizon & deſſous, la conionĉtion de la Lune auec
le Soleil & autres aſpeĉts auec les feſtes mobiles, iours de la
Lune & pluſieurs autres propoſitions que nous declarerôs les
vnes apres les autre, & par vne telle methode & facilité, que le
diligét eſprit les côprédra aiſemét auec côtétemét & deleĉtatiô.

Premiere propofition.

Sçauoir en quel figne & degré du Zodiaque eft le Soleil au Midy de chacun iour.

E cofté de l'Index (qui refpond au centre) fur la fin du iour propofé, & le degré qui touchera iceluy au cercle des fignes eft celuy du Soleil. Comme en mettant le cofté de l'Index fur le 5. iour d'Auril 1587. Iceluy monftre au cercle des fignes le 15. degré d'Aries pour le lieu du Soleil au midy d'iceluy iour, & fous la partie oppofite eft le 15. de Libra pour fon Nadir.

Seconde propofition.

Sçauoir le degré du Soleil au Zodiaque à Midy en l'an de Biffexte.

L faut auancer l'Index d'vn iour (depuis le 25. de Feburier iufque à la fin de l'annee) & iceluy te monftrera au cercle des fignes le degré du Soleil. Comme au 5. d'Auril il faudra mettre l'Index fur le 6. & on trouuera le 16. d'Aries pour le lieu du Soleil au midy du iour propofé.

Et de là f'enfuit qu'apres l'annee de Biffexte il faut auancer l'Index à la fuiuante d'vn quart de iour, à celle d'apres vne moitié, à la troifiefme trois quarts, & à la quatrieme qui eft celle de Biffexte vn iour comme il à efté dict.

Troifieme.

Sçauoir l'an de Biffexte.

Pres auoir ofté du nombre de l'annee 1500. Il faut diuifer le refte par 4. & fi apres la diuifion faicte il ne refte rien il fera annee Biffextile. Cóme en l'an 1588. ie reiette 1500. le refte donne 88. que ie diuife par 4. Le Quotient dóne 22. annees Biffextiles paffees depuis 1500. & ne refte rié, partát l'an 1588. eft biffexte compofé de 366. iours. Mais fi apres la diuifió faicte il refte quelque nombre icelle annee ne fera biffexte. Et autát d'vnitez qu'il refte autát il y a d'annees paffez depuis celuy du biffexte. En l'an 1587. le Combié de la diuifió dóne 21. & refte 3. qui demóftre la 3. annee d'apres le Biffexte.

Autrement, il faut ofter 1500. & fi la moitié du refte fe peut diuifer egalement il eft biffexte. En l'an 1588. la moitié du refte eft 44. lequel fe diuife egalement en 22. partant l'an 1588. eft biffextile. Et quand la moitié du refte ne fe diuife

égalemēt il ne sera Bissexte. En l'an 1587. le reste 87. ne se diuise egalement, partant l'an 1587. n'est bissexte.

Quatriesme.

Sçauoir le degré du Soleil au Zodiaque à telle heure que l'on voudra.

IL faut oster le degré du Soleil du midy precedant l'heure de celuy du suiuant, le reste donnera le second lieu de
la regle de trois (laquelle auons amplement declaree au
premier liure de nostre Arithmetique) au premier 24. & au
troisieme l'heure proposee, & adiouster le produict au degré du
midy precedent l'heure, l'addition donnera le vray degré du
Soleil de l'heure proposee.

Le 24. de Septembre 1587. à 8. heures apres midy, sçauoir le
degré du Soleil. l'oste le mouuement du midy precedēt l'heure 40. minutes du suiuant 1. degré 39. minutes, le reste donne
59. minutes. Et le produict de la regle de trois dōne enuirō 20.
minutes auec le mouuement du midy precedent 40. minutes,
l'additiō donne 60. qui est 1. degré, partant le Soleil sera à la fin
du premier degré de Libra, qui est le commencement du second à 8. heures apres midy audict iour proposé.

Et si l'heure proposee estoit entre le minuict & le midy (qui
sont heures du matin) il faudroit adiouster ladicte heure proposee auec 12. (à cause que les Astronomes comptēt d'vn midy
iusque à l'autre suiuant, continuant depuis vne heure iusque à
24.) comme si l'heure estoit 4. du matin il faudroit compter 16.
pour le troisieme lieu & operer comme dessus. Toutefois que
ceste regle se fera sans regle de trois en prenant 2. minutes &
demie pour vne heure & cinq minutes pour deux.

Cinquiesme.

Sçauoir la declination du Soleil au midy d'vn chacun iour.

L'Index sur le degré du Soleil (par les precedentes) &
les degrez & minutes qui seront sous iceluy dans le
cercle de la declination donneront celle du Soleil.

Le 5. iour d'Auril 1587. le Soleil au 16. d'Aries, l'Index dessus monstre au cercle de declination 6. degrez 19. minutes que
le Soleil est eslongné de l'Equateur estant au 16. d'Aries. Et ceste declination ce trouue en double difference Septentrionale

& Meridionale. Et quand le Soleil eſt aux ſignes Septentrionaux qui ſont Aries, Taurus, Gemini, Cancer, Leo, Virgo,
la declination eſt Septentrionale. Et aux ſix autres ſignes, meridionale : Et ceſte declination eſt directe depuis le premier
d'Aries iuſque à Cancer, & de Libra au Capricorne (qui ſont
quartes oppoſites) & retrogarde de Cancer à Libra, & du Capricorne à Aries. Et ceſte declination eſt neceſſaire pour ſçauoir les Latitudes & eleuations Polaires qui ſont choſes de
grand vſage & peculieres en la Coſmographie, Nauigation &
autres choſes, ainſi que nous demonſtrerons cy apres les vns a-
pres les autres.

Autrement, trouue le degré du Soleil en la ligne Ecliptique,
& le nombre des Paralleles qui ſont entre iceluy degré, & l'E-
quateur donnera la declination du Soleil.

Sixieſme.

Sçauoir la declination du Soleil à telle heure du iour que l'on voudra.

Eſte propoſition ce faict comme la quatrieme. Ie
veux ſçauoir la declinatiõ du Soleil le 26. iour d'A-
uril à 8. heures apres midy : la declination du Midy
precedant l'heure eſt 13. degrez 13. minutes, & celle
du ſuiuant 13. du degrez 33. minutes, la difference
eſt 20. Parquoy ſi 24. heures donne 20. minutes, Combien 8.
heures, le produict donne 6. minutes & 34. auec celle du Midy
precedant l'heure (à cauſe que la declination eſt directe) l'Addition donne 13. degrez & enuiron 20. minutes.

Et ſi la declination eſtoit retrogarde, il faudroit oſter le produict de la regle de trois de la declination du Midy precedant
l'heure, le reſte donnera la declination.

Le Soleil au premier de Piſces l'Index deſſus, le poinct oppoſite monſtre 11. degrez 9. minutes de declination pour le midy du 20. iour de Feurier, & au midy ſuiuant 10. degrez 47.
minutes, la difference eſt 22. & le produict de la regle de trois
(pour 8. heures apres midy) donnera plus de 7. minutes, leſquelles oſtees de 11. degrez 9. minutes, le reſte donne 11. degrez
2. minutes pour la declination de l'heure propoſee.

Septiefme propofition.
Sçauoir le nombre d'Or de chacune annee propofee.

LE nombre d'or eft vne certaine progreſſion du nombre na-turel commençant par vn & finiſſant à 19. Et ſuiuant apres recommence le meſme ordre que deſſus. Car tout ainſi que les iours ou les Aſpects de la Lune au Soleil ont efté faicts en icelle annee, tout ainſi ſe feront-ils aux meſmes iours aux 19. annees ſuiuantes. Et pour ſçauoir le nombre d'or. Adioufte 1. au nombre de l'annee, & diuiſe l'Addition par 19. (ſelon la raiſon dicte) le Quotient donnera le nombre des Cycles du nombre d'Or. Et ſi apres la diuiſion faicte il ne reſtoit rien, 19. feroit le nombre d'Or.

L'an 1587. auec 1. faict 1588. & diuiſez par 19. le Quotient donne 83. Cycles paſſez depuis l'Incarnation & reſte 11. pour le nombre d'Or de l'an 1587. & eſt vtile pour ſçauoir le nombre de l'Epacte.

Huictiefme.
Sçauoir le nombre d'Or plus facilement par noftre Cofmometre.

TRouue le nombre de l'Annee au cercle *Numerus Annorum*, & deſcendant en ligne droicte au centre iuſque au cercle *Aureus Numerus*, où ſe trouuera le nombre d'Or. Côme en l'an 1587. Ie trouue ce nombre au cercle de celuy des ans, & deſcéd au cercle du nombre d'Or, où ie trouue 11. pour le nombre d'Or de l'an 1587.

Neufiefme.
Sçauoir l'Epacte de chacune annee.

EPacte eſt vn mot Grec ſignifiant induction, ou à vray dire progreſſion qui ſe fait de 11. par 11. Et la raiſon eſt que l'an Solaire eſt compoſé de 365. iours & enuirô 6. heures, & l'an Lunaire de 354. iours (qui eſt la reuolution de 12. Lune) la difference eſt 11. iours que nous appellons Epacte. Et pour ſçauoir icelle: multiplie 11. par le nombre d'Or & adioufte 20. au produict, laquelle Addition tu diuiſeras par 30. le Quotient donnera les

Cycles des Epactes. Et le nôbre qui restera donnera l'Epacte.
Et si l'Addition estoit moindre de 30. le nombre d'icelle
donneroit celuy de l'Epacte. Et s'il ne restoit rien l'Epacte se-
roit 30. l'An 1587. ou le nombre d'Or est 11. lequel multiplié
par celuy de l'induction (qui est tousiours 11.) le produict donne 121. auec 20. l'Addition donne 141. que ie diuise par 30. le
Quotient donne 4. & reste 21. pour l'Epacte de l'an 1587.

Dixiesme.

Sçauoir l'Epacte plus facilement que la precedente par
nostre Cosmometre.

TRouue l'année au cercle des ans, & descéd au cercle de l'E-
pacte, & en ce lieu sera le nôbre de l'Epacte.

L'an 1587. au cercle des ans descédant au cercle de l'Epacte
est 21. pour celuy de la dicte année. Et l'Epacte de chacune année est vtile pour sçauoir les conionctions, de la Lune au Soleil
de chacune année, & non seullement les conionctions: mais
les iours & autres Aspects d'icelle au Soleil & à telle heure &
iour que lon voudra.

Vnziesme Proposition.

Sçauoir la conionction du Soleil auec la Lune aux
annez non Bissextilles.

AIouste autant de fois 1. au nombre de l'Epacte qu'il y
a de mois passé commençant à Mars iusque au mois
du iour proposé, & oste l'Addition de 30. le reste donnera le iour de la conionction.

L'an 1587. où l'Epacte est 21. sçauoir la conionction de la
Lune au Soleil au mois de Septembre, l'Epacte 21. auec le nôbre des mois 7. faict 28. lequel osté de 30. le reste donne le 2.
iour de Septembre pour ladicte conionction.

Mais si l'Addition de l'Epacte & du nombre des mois passez
estoit plus de 30. Il faudroit oster 30. Et de rechef oster le reste
d:30. le dernier reste donnera le iour de la conionction.

Au mois de Septembre 1585. où l'Epacte est 29. auec 7. mois
passez l'Addition donne 36. de laquelle i'oste 30. le reste donne
6. lequel soustraict de 30. le dernier reste donnera le 24. iour
de Septembre pour le iour de la conionction.

Douziesme.
Sçauoir la conionction du Soleil auec la Lune en l'année Biffextille.

A Iouste 1. à l'Addition de l'Epacte auec le nombre des mois paffez, & opere comme deffus.

Au mois de Decembre 1584. l'Epacte 18. auec le nombre des mois 10. l'Addition donne 28. auec 1. fait 29. lequel ofté de 30. le refte donne le premier iour de Decembre pour la conionction.

Treiziesme.
Sçauoir l'aage de la Lune par le moyen de fa conionction auec le Soleil.

IL faut ofter le nombre de la conionction de celuy du iour propofé le refte donnera l'aage de la Lune.

Au 12. iour de Septembre 1587. où la conionction eft le 2. iour lequel ofté de 12. le refte donne le 10. iour de la Lune.

Quatorziesme.
Sçauoir l'aage de la Lune par l'Epacte.

A Iouste le nombre du mois auec celuy de l'Epacte, & celuy des mois paffez de puis Mars, l'Addition (fi elle eft moindre de 30.) donne l'aage de la Lune.

Au premier iour de Septembre 1587. l'Epacte 21. les mois paffez 7. lefquels 1.21.7. font 29. pour l'aage de la Lune.

Et quand l'Addition eft 30. le iour propofé eft celuy de la conionction.

Au 2. de Septembre 1587. où l'Addition des 3. nombres 2. 21. 7. eft 30. partant ledict iour eft celuy de la conionction. Et quand l'Addition eft plus de 30. il faut ofter d'icelle 30. le refte donnera l'aage de la Lune.

Au 20. de Septembre 1587. où l'Addition des 3. nombres 20,21,7, eft 48, de laquelle i'ofte 30. le refte donc 18. pour l'aage de la Lune.

Quinziefme.

Sçauoir en quel signe & degré du Zodiaque est la Lune par le moyen
de son aage & du degré du Soleil.

L'Index sur le degré du Soleil, & tourner celuy de la Lune tant que la fin de son aage soit sous l'Index du Soleil, & le costé de l'Index lunaire qui finit à lapoincte monstrera au cercle des Signes le degré du Zodiaque que possede la Lune.

Le premier iour de Septembre 1587. l'aage de la Lune 29. lequel estant sous l'Index du Soleil, celuy de la Lune monstre le 21. degré du Leo.

Seixiefme Proposition.

Sçauoir le degré du Zodiaque que possede la Lune à telle heure
que lon voudra.

IL faut rectifier le degré du Soleil à l'heure proposée (par les precedentes) & oster le mouuement de la Lune du midy precedāt l'heure de celuy du suiuāt, le reste donnera le second lieu de la regle de trois, 24. pour le premier, & pour le troisiesme l'heure proposée, le produict de la regle donnera le mouuement de ladicte heure, lequel faut adiouster à celuy du mouuement precedent l'heure, l'Addition donnera le vray mouuement de la Lune.

A 8. heure apres midy au 20. de Septembre 1587. où le mouuement de la Lune du midy precedant l'heure est 21. degrez 52. minutes de Pisces, & celuy du suiuant 4. degrez 14. minutes d'Aries, l'opperation faicte ainsi qu'il à esté dict, le produict de la regle de trois donne 247. minutes, qui font 4. degrez 7. minutes 20. secondes, auec le mouuement du midy precedant l'heure 21. degrez 52. minutes, l'Addition donne enuiron 26. degrez de Pisces pour le lieu de la Lune à 8. heures apres midy.

Dixseptiefme.

Sçauoir l'Aspect du Soleil à la Lune.

L'Index sur le degré du Soleil, la fin du iour de la Lune sous iceluy, & l'angle de l'vne des figures de la Rouëtte qui est sous ledict Index donnera l'Aspect du Soleil à la Lune.

Le 10. iour de Septēbre 1587. où l'aage de la Lune est 7. lequel estāt eſtant ſous l'Index du Soleil iceluy touche l'angle du Quarré de la Rouëtte qui eſt Aſpect Quadrat du Soleil à la Lune.

Et les Aſpects de la Lune aux Planetes ſont vtiles & profitables pour la prattique de medecine, ainſi que dict Hypocrates, Galien, Fernel & autres.

Dixhuictieſme.
Sçauoir le Cycle Solaire.

A Iouſte 1. au nombre de l'annee & diuiſe l'Addition par 28. le Quotient donnera les mouuemens des Cycles qui ſont paſſez depuis l'Incarnation, & le reſte eſt le nombre du Cycle Solaire. L'an 1587. le Quotient donne 56. Cycles paſſez, & reſte 20. pour le nombre du Cycle de l'an 1587. Et ſ'il ne reſtoit rien 28. ſeroit ledit Cycle.

L'an 1595. le tout faict comme deſſus il ne reſte rien (apres la diuiſion faicte) partant le nombre du Cycle Solaire eſt 28.

Dixneufieſme Propoſition.
Sçauoir le Cycle Solaire plus facilement par noſtre Coſmòmetre.

T Rouue le nombre de l'an propoſé en ſon Cercle & deſcend vers le Centre iuſque à celuy du Cycle Solaire où eſt le nóbre dudit Cycle.

L'an 1587. ie trouue ſous iceluy 20. pour le Cycle Solaire de l'an 1587. lequel, eſt fort vtile pour ſçauoir la lettre Dominical.

Vintieſme.
Sçauoir la lettre Dominical de chacun An.
Cicle Solaire.

1	2	3	4	5	6	7	8	9	10	11	12	13	14	15	16	17	18	19	20	21	22	23	24	25	26	27	28
G	E	D	C	B	G	F	E	D	B	A	G	F	D	C	B	A	F	E	D	C	A	G	F	E	C	B	A

Lettre Dominical.

F   A   C   E   G   B   D *Biſſeſte.*

Tu prendras le nombre du Cycle Solaire en la partie ſuperieure de ſa Table, & à l'endroit eſt la lettre Dominicale. Comme en l'an 1587. où le nombre du Cycle Solaire eſt 20. que ie trouue en la partie ſuperieure de ladicte Table & à l'endroit eſt D. pour la lettre Dominical de l'an 1587.

Vint & vnieſme.
Sçauoir la lettre Dominical & plus facilement par noſtre Coſmòmetre.

C

TRouue le nombre de l'annee en son Cercle, & descend à
celuy de la lettre Dominical, & en ce lieu trouueras icelle.

L'an 1587. ie trouue au dessous & à l'endroit au Cercle de la
lettre Dominical D. pour celle de l'an 1587.

Et s'il aduient en ce lieu deux lettres, comme aux anneez bis-
sextile, la premiere seruira depuis Ianuier iusque au 25. de Feburier, & la seconde pour le reste de l'Annee.

L'an 1588. ie trouue ses lettres C. B. partant la premiere C.
seruira du premier de Ianuier iusque au 25. de Feburier, & la
seconde B. pour le reste de l'annee.

Vint deux.

Sçauoir le quantiesme iour du mois est Pasque.

TRouue l'annee au Cercle des ans & vis à vis au dessous est
le quantiesme du mois que lon doit celebrer Pasque.

L'an 1587. ie trouue dessous (au cercle de l'Index Pascal) ce
nombre 29. de Mars pour le iour de Pasques.

Vint trois.

Sçauoir les festes Mobiles de chacune annee.

IL faut sçauoir le quantiesme iour du mois est Pasque, par la
praecedente & le trouuer dedans le Cercle des mois, & conter
d'iceluy selon leur Ordre, & trouueras que le 40 dōnera le iour
de l'Ascention, 50. la Pentecoste, 57. la Trinité, & 63. la feste
Dieu. Sçauoir les festes Mobilles de l'an 1587. Pasque estāt au
29. de Mars, ie conte d'iceluy au Cercle des mois 40. iours &
trouue le 7. de May pour l'Ascention, le 50. (qui est le 17. de
May) pour la Pentecoste, à 57. le 24. de May pour la Trinité, &
à 61. le 28. de May pour la feste Dieu.

Vint quatriesme.

Trouuer l'Horizon de toutes Eleuations Polaires.

POse le costé de l'Horizon Mobile qui respond au Centre
sur le degré de l'eleuation Polaire du lieu proposé, & iceluy
costé te monstrera l'Horizon du lieu proposé.

Ie veux trouuer en la Sphere plate l'Horizō de Paris qui a le
Pole eleué de 48. degrez 40. minutes, lequel nombre ie conte
du Pole Arctique tirant à l'Equateur, & sur la fin du conte ie
pose le coste de l'Horizon qui respond au Centre lequel mon-

ſtre l'Horiſon de Paris. Et Horizon eſt vn grand Cercle de la
Sphere qui ſepare la partie du Ciel aparente de celle qui eſt ca-
chee. Autrement eſt appellé Borneur de la veuë.

Vint cinquieſme.
Sçauoir la hauteur du Soleil.

PEnd le Coſmometre par l'aneau de ſon ance ſans contrainte
tournant le bort d'iceluy droit au Soleil, & hauſſe & abaiſſe
l'vn des Index tant que le Rayon d'iceluy paſſe aux trauers des
Pinules, & le degré que touche le coſté dudit Index au Cercle
de hauteur donnera celle du Soleil. Comme en prenát la hauteur du Soleil luiſant ſur l'Horizon, ie pend l'inſtrument par
ſon aneau ſans contrainte tournant le bort droit au Soleil &
hauſſe & abaiſſe l'Index tant que le Rayon paſſe par les fentes
des Pinules, & trouue que le coſté touche le 30. degrez au Cercle de hauteur (contant de l'Horizon iuſque au coſté dudit
Index) laquelle hauteur nous ſeruira pour trouuer les heures,
Latitudes, eleuatiõs Polaires & pluſieurs autres obſeruations.

Vint ſixieſme.
Sçauoir ſi la hauteur du Soleil eſt deuant midy ou apres.

DEpuis le leuer du Soleil ſa hauteur croit iuſque à midy, &
d'iceluy au coucher decroit. Et quand elle croit la hauteur
eſt Orientale Matutine & deuant midy. Et quand elle decroit
icelle eſt Occidétale Veſpertine & apres midy. Soit la hauteur
du Soleil trouuee de 30. degrez, vn peu apres ie prens icelle &
la trouue de 36. degrez. Parquoy la premiere eſt deuant midy
& eſt Oriantale Matutine. Quelque temps apres ie trouue la
hauteur Solaire de 40. degrez, vn peu apres de 36. parquoy la
derniere eſt apres midy & eſt Occidentale veſpertine.

Vinte ſeptieſme.
Prendre la hauteur des Eſtoiles & autres Aſtres
eleuez ſur l'Horizon.

CEſte propoſition ce fait comme la 25. ſinon que les Rayons
des autres Aſtres ne font ombres aſſez aparens, qui eſt la
cauſe pourquoy il faut regarder icelles par les fentes des Pinu-

ſes en pendant noſtre inſtrument par ſon aneau au deſſus de l'œil hauſſant & abaiſſant l'Index tant que par les fentes (d'vn œil ſeulement) l'on puiſſe veoir l'Eſtoile propoſee, & le degré qui ſe trouuera au Cercle de hauteur ſous ledict Index donnera la hauteur de l'Eſtoile (comme il a eſté dict du Soleil) & ſi tu és en doute ſi elle eſt Orientale ou Occidentale, il faut l'obſeruer comme a eſté dict du Soleil. Et ſi la ſeconde hauteur eſt la plus grande la premiere eſt Orientale, & au contraire, ſi la premiere eſt la plus grande la ſeconde eſt Occidentale.

Et de là eſt prins c'eſt axiome. La hauteur de tous Aſtres croiſſant eſt Orientale, & decroiſſant Occidentale. Ie veux ſçauoir la hauteur de *Cor Leonis*, ie pend noſtre inſtrument par l'aneau de ſon ance au deſſus de l'œil & tourne le bort droit à l'Eſtoile la voyant par les fentes des Pinules & trouue ſous l'Index 40. degrez au Cercle de hauteur. Et pour ſçauoir ſi icelle eſt Orientale ou Occidentale, ie prens vn peu apres ſa hauteur & la trouue de 43. degrez. Parquoy ladicte premiere hauteur eſt Orientale.

Et par ceſte propoſition l'on peut prendre la hauteur du Soleil quand il ne faict ombre pourueu qu'on le puiſſe veoir à trauers les Nuës, qui eſt bon remede en temps nubileux.

Vint huitieſme.

Obſeruer la hauteur Meridienne du Soleil ou
autres Aſtres.

LA hauteur Meridienne de tous Aſtres eſt la plus grande de tout le iour, & ſe faict quand l'Aſtre eſt ſous le Cercle Meridien laquelle ſe peut pratiquer en trois manieres.

La premiere preſupoſe l'Eleuation du Pole, la ſeconde la deſcription de la ligne Meridienne, la troiſieme eſt par ſa plus grande hauteur.

Par la premiere il faut mettre le coſté de l'Horizon ſur le degré d'eleuation (par la 24.) & le bout de l'Aiguile ſur l'extremité du Parallele de la declination du Soleil (qui eſt au Meridien vniuerſel) & tourner l'Horiſon ſur l'Equateur, & ladicte poincte de l'aiguile monſtrera entre les Paralleles ladicte hauteur meridienne. Le 26. de May le Soleil au 4. des Gemeaux

& ſa declination 21. degrez , ſçauoir la hauteur meridienne a
l'eleuation de 48. degrez 40. minutes. l'Horizon ſur le degré
d'eleuation , la poincte de l'aiguile ſur la fin du 21. Parallele
au degré du Meridien vniuerſel & tourne ledict Horizon
ſur l'Equateur le bout de l'aiguile touche le 62. Parallele &
$\frac{1}{3}$ qui ſont 20. minutes. Partant la hauteur meridienne du
Soleil eſt de 62. degrez 20. minutes.

La ſeconde: deſcris vn cercle ſur la ſuperfice terreſtre où le
Soleil donne ſes rayons deuant midy & apres, & au centre
ficher vn Index perpendiculairemēt & moindre que le Semi-
diametre,& obſeruer deuāt & apres midy quand l'ombre touchera le cercle & marquer icelles notes. Et ſi du milieu d'entre
les deux notes tu meine vne ligne droicte, icelle ſera la meridienne. Et quand l'ombre de l'Index ſera ſur icelle , alors tu
prendras la hauteur du Soleil qui ſera celle de midy.

La troiſieſme il faut prendre la hauteur du Soleil vn peu deuant midy pluſieurs fois iuſques à tant qu'elle decroiſſe , & la
plus grande donnera la hauteur meridienne. Comme ſi la hauteur eſtoit 62. degrez, & vn peu apres de 62. & demy , & ſuiuāt
apres de 62. tu iugeras infailliblement que la plus grande 62. &
demy eſt la hauteur meridienne. Fais le ſemblable des autres
Aſtres.   *Vingt neuf.*

Sçauoir la hauteur de l'Equateur,le Soleil eſtant aux ſignes Septentrio-
naux. A ceux qui ont le pole Arctique ſur l'Horizon.

OSte la declination du Soleil de ſa hauteur Meridienne, la
reſte donnera la hauteur de l'Equateur. Au 26. de May la
hauteur Meridienne du Soleil eſt 62.degrez 20. minutes de
laquelle i'oſte la declination 21. degrez,le reſte donne 41. degrez 20.minutes pour la hauteur de l'Equateur. Et ſi tu eſtois
en la partie Meridionale il faudroit faire le contraire, ſçauoir
la hauteur Meridienne 62. degrez 20. minutes auec la declination 21.degrez, l'Addition donne 83. degrez 20. minutes
pour la hauteur de l'Equateur.

Trente.

Sçauoir comme deſſus la Region en la partie Septentrionale & le Soleil
en la Meridionale.

A La hauteur meridienne adiouste la declination, l'Addition donnera la hauteur de l'Equateur.

Le 27. de Nouembre le Soleil au 4. du Sagitaire & la hauteur meridienne prinse à Paris est 20. degrez 20. minutes auec sa declination 21. degrez, l'Addition donne 41. degrez 20. minutes pour la hauteur de l'Equateur. Fais le contraire en la partie Meridionale.

Trente & Vne.

Sçauoir la hauteur du Pole le Soleil estant aux Equinoxes.

O Ste la hauteur Meridienne du Soleil de 90. le reste dônera la hauteur du Pole. Ie trouue la hauteur Meridienne à Paris le 21. de Mars de 41. degrez 20. minutes laquelle ostez de 90. le reste donne 48. degrez 40. minutes pour la hauteur du Pole laquelle est egale à la Latitude. La hauteur du Pole est l'arc du Meridié comprins entre le Pole & l'Horizô. Et Latitude est celuy d'entre l'Equateur & le Zenit. Et Zenit est le poinct du ciel qui est directement sur la teste.

Trente deux.

Sçauoir la hauteur du Pole, le Soleil estant entre l'Equateur & le lieu proposé.

I L faut sçauoir la hauteur de l'Equateur par les precedentes & l'oster de 90. le reste donnera la hauteur du Pole du lieu proposé. Comme si la hauteur de l'Equateur estoit 40. laquelle ostee de 90. le reste donneroit 50. pour la hauteur du Pole.

Trente trois.

Sçauoir la hauteur du Pole, l'Equateur entre le Soleil & le lieu proposé.

O Ste la hauteur de l'Equateur de 90. le reste donnera la hauteur du Pole. L'equateur à 42. degrez lesquels ostez de 90. le reste donne 10. degrez pour la hauteur du Pole.

Trente quatre.

Sçauoir la hauteur du Pole, le lieu proposé entre l'Equateur & le Soleil.

F Ais comme il à esté dict en la precedente. Comme en ostant la hauteur de l'Equateur 80. degrez de 90. le reste donne dix degrez pour la hauteur du Pole.

Trente cinq.

Sçauoir la hauteur du Nort par celle de midy selon l'art de Nauiger, & que le Soleil est entre l'Equateur & le lieu de la region.

Aloufte la declination du Soleil à fa hauteurMeridienne, l'Addition donnera celle du Nort. La hauteur Meridienne (felon les Pilotes & Matelos) fe prent du Zenit au Soleil.

Trentefix.

Sçauoir la hauteur du Nort, l'Equateur entre le Soleil & la region.

DE la hauteur Meridienne du Soleil ofte fa declination, le refte donnera la hauteur du Nort.

Trente fept.

Sçauoir la hauteur du Nort, la Region entre l'Equateur & le Soleil.

DE la Declination du Soleil ofte fa hauteur Meridienne, le refte donnera celle du Nort. Et cefte hauteur fe compte de l'Armile fur le premier cercle tirant au midy.

Trente huict.

Par la hauteur Meridienne du Soleil trouuer celle du Pole en la Sphere plate.

LE cofté de l'Horizon mobile fur l'Equateur, la poincte de l'aiguile fur la fin du Parallele de la hauteur Meridienne. Et tourner ledict Horizon tant que le bout de ladicte aiguile paruiéne fur la fin du Parallele de la declinatió du Soleil, & le nóbre d'entre l'Armile & l'Horizó dónera la hauteur du Pole.

Trente neuf.

Par la hauteur du Pole cognoiftre la hauteur Meridienne du Soleil.

LE cofté de l'Horizon fur l'eleuation, & la poincte de l'aiguile fur l'extremité du Parallele, de la declination du Soleil, & tourner le cofté de l'Horizon mobile fur l'Equateur, le Parallele, que touche la poincte de ladicte aiguile donnera la hauteur Meridienne du Soleil.

Le 27. de Nouembre ie veux fçauoir la hauteur Meridienne du Soleil à Paris qui à 48. degrez 40. minutes d'eleuation. De l'Armile tirant à l'Equateur ie compte ladicte latitude 48. degrez 40. minutes & fur la fin du compte ie pofe le cofté de l'Horizon, & conduis la poincte de l'aiguile fur l'extremité du Parallele de la declination du Soleil qui eft 21. degrez, & tourne le cofté de l'Horizon fur l'Equateur, la poincte de l'aiguile touche le 20. degrez, & 20. minutes pour la hauteur Meridienne du Soleil.

Quarente.

Par la hauteur Meridienne du soleil & celle du Pole cognoiſtre la declination du Soleil.

LE coſté de l'Horizon mobile ſur l'Equateur & la poinɛte de l'aiguile ſur la fin du Parallele de la hauteur Meridienne, & tourner le coſté de l'horizon ſur le degré de la hauteur, la poinɛte de ladiɛte aiguile touchera le Parallele de la declination du Soleil. Et ſi tu comptes d'iceluy à l'Equateur la fin du compte donnera ladiɛte declination. Comme le 26. de May la hauteur Meridiennne du Soleil 62. degrez 20. minutes, le coſté de l'Horizon ſur l'Equateur, la poinɛte de l'aiguile ſur la fin du 62. Parallele & vn tiers, & tourne lediɛt coſté de l'Horizon ſur le 48. degrez 40. minutes (qui eſt l'Eleuatiõ de Paris) la poinɛte de l'aiguile touche le 21. Paralleles pour la declination du Soleil du 26. de May.

Quarante & vn.

Par la declination du Soleil cognoiſtre ſon degré au Zodiaque.

IL faut trouuer le Parallele de la declination du Soleil lequel coupe l'Ecliptique, & le poinɛt de la ſeɛtion donnera le degré du Soleil au Zodiaque. Comme le 26. de May où la declination du Soleil eſt 21. degrez, & trouue que le 21. Parallele Septentrionale coupe le 4. de Gemini qui eſt le degré du Soleil pour le 26. de May.

Quarante deux.

Cognoiſtre le Tropique de Cancer & le iour du ſolſtice d'Eſté.

SI tu es en doute du iour du Solſtice, prés la hauteur Meridienne du Soleil au premier iour de Iuin ou autres & la remarque ou l'eſcris auec le quantieſme iour du moys. Secõdement tu prendras icelle hauteur à la ſeconde ſepmaine de Iuillet & continueras ceſte hauteur pluſieurs iours tant que tu ayes trouué le degré de la meſme hauteur que tu l'auois trouué à la premiere ſemaine de Iuin, & comte le nombre des iours qui ſont depuis l'vn iuſque à l'autre, & le iour du milieu donnera celuy du Solſtice d'Eſté, & ce iour la le Soleil deſcrit le Tropique de Cancer. Fais le meſme pour auoir celuy du Capricorne.

Quarente

Quarente trois.

Par le iour du Solstice cognoistre la plus grande declination du Soleil.

IL faut oster la hauteur Meridienne du midy du iour de l'E-
quinoxe, de celle du midy du Solstice, le reste donnera la
plus grande declination.   Côme si la hauteur de l'Equinô-
xe estoit 40. & celle du Solstice 63. degrez 30. minutes, en o-
stant 40. de 63. degrez & 30. minutes, le reste donne 23. degrez
30. minutes pour la plus grande declination du Soleil.

Quarente quatre.

*Par la plus grande declination du Soleil & du iour du Solstice trouuer le
iour de l'Equinoxe.*

OSte la plus grande declination du Soleil de sa hauteur
Meridienne au iour du Solstice, le reste donnera la hauteur de l'Equateur.   Et quand tu trouueras icelle au midy de
quelque iour de l'annee, iceluy sera le iour de l'Equinoxe. Et
reciproquement tu pourras cognoistre le iour du Solstice par
la hauteur Meridienne de l'Equinoxé & de la plus grande declination du Soleil. Car en adioustant la declination auec la
hauteur Meridienne l'addition donnera la hauteur Meridienne du Solstice.

Quarante cinq.

*Par la hauteur Meridienne & de celle de l'Eleuation trouuer le iour du
moys.*

PAr la 38. proposition, il faut sçauoir la declination du Soleil, & par la 39. son degré au Zodiaque, & trouuer iceluy
au cercle de hauteur, & l'Index dessus iceluy monstrera au
cercle des mois le quantiesme iourdudict mois.

Comme en prenant la hauteur Meridienne à Paris (qui à
48. degrez 40. minutes d'eleuation) au mois de May que ie
trouue de 62. degrez 20. minutes, sçauoir le quantiesme dudict mois : ie trouue par la 38. que la declination du Soleil
est vingt vn degrez , & que le Parallele d'icelle coupe l'E-
cliptique au 4. des Gemeaux, lequel 4. ie trouue au cercle de hauteur au Zodiaque, & l'Index dessus iceluy me
monstre au cercle des iours le 26. de May.

D

Quarente six.

Par la declination du Soleil cognoiſtre ſon degré au Zodiaque & le quantieſme iour du moys par la face des Meſures & Hauteurs.

QVant la declination du Soleil eſt directe, tu trouueras icelle en la moitié de ſa Table qui eſt d'Aries à l'Armile, & ſi elle eſtoit rettrogarde de l'Armile à Libra, & l'Index deſſus, le coſté d'iceluy te monſtrera le degré du Soleil au Zodiaque au cercle des ſignes, & au cercle des iours le quantiéme du mois.

Et ſi la declination n'eſtoit du Printemps ny de l'Eſté, apres auoir poſé l'Index ſur le degré de declination, il faut prendre le degré & iour oppoſé qui eſt ſous l'autre bout dudict Index, & iceux te monſtreront le quantieſme degré du ſigne & du mois.

Comme ſi la declination du Soleil du Printemps eſtoit 21. degrez, lequel ie trouue en ſa Table, & l'Index deſſus iceluy me monſtre au cercle des ſignes 4. degrez des Gemeaux, & au cercle des iours le 26. de May.

Et ſi ladicte declination eſtoit de l'Automne ou de l'Hyuer, il faudroit prendre le degré & le iour ſous le bout de l'Index de la part oppoſite & on trouueroit le 4. degré du Sagitaire & le 26. de Nouembre. Tu feras le meſme de l'Eſté & Hyuer.

Quarente ſept.

Sçauoir le poinct & la fin du iour de tous lieux & Horizons.

LE coſté de l'Horizon mobile ſur le degré d'eleuation, & le Curſor de la part de deſſous l'Horizon, & le faire gliſſer tant que le 18. degré de Latitude d'iceluy touche le Parallele de la declination du Soleil, & le Meridien qui eſt à la ſection te monſtrera ſur l'Horizon au cercle horaire les heures & minutes du poinct du iour, tout ainſi que iceluy Meridien monſtrera ſous l'horizon au cercle horaire les heures & minutes de la fin du iour.

Le 13. iour d'Octobre le Soleil au 21. degré de Libra & ſa declinatiõ 8. degrez 35. minutes, ſçauoir le poinct & la fin du iour à Paris qui à 48. degrez & 40. minutes d'eleuation, l'Index ſur ladicte eleuation, le Curſor ſous l'Horizon, & le fais gliſſer tant que le 18. degré d'iceluy touche le 8. Parallele & 35.

minutes de declination , & trouue ſous la ſection le Meridien
qui me monſtre au cercle horaire 4.heures & deux tiers apres
minuit pour le poinct du iour. Et le meſme Meridien ſous
l'Horizon audict cercle horaire monſtre 7. heures & vn tiers
apres midy pour la fin du iour.

Quarente huict.

Sçauoir en toutes eleuations l'heure du leuer & coucher du Soleil.

LE coſté de l'Horizon ſur le degré d'eleuation du lieu propoſé, le Meridien qui paſſe par la ſection faicte de l'Horizon & du Parallele de la declination du Soleil dudict iour, te
monſtrera au cercle horaire ſur l'Horizon l'heure du leuer du
Soleil, tout ainſi qu'iceluy te monſtrera ſous l'Horizõ au cercle horaire l'heure du coucher.

Quarente neuf.

Sçauoir appliquer la poincte de l'aiguile horaire en telle hauteur ſur les
Paralleles qu'a eſté trouuee celle du Soleil.

LE coſté de l'Horizon ſur le degré d'eleuation, & la poincte
de l'aiguile ſur le Parallele de la declinatiõdu Soleil, & trãſ-
porter le coſté de l'Horizon ſur l'Equateur, & remarquer le
quantieſme Parallele que touche ladicte poincte, que ſi elle eſt
de meſme nombre que celle de la hauteur du Soleil,la poincte
de l'aiguile horaire ſe dit eſtre appliquee en meſme hauteur
que celle du Soleil.

Le 14. iour d'Octobre, ie trouue la hauteur du Soleil de 30.
degrez (ſur l'Horizon de Paris qui à 48. degrez 40. minutes
d'eléuation) ſon degré au Zodiaque 21.de libra , & ſa declination 8.degrez 35. minutes,Meridionale. Et ſelon ceſte propoſition ie poſe l'Horizon ſur l'eleuation de Paris 48. degrez
40. minutes, & poſe la poincte de l'aiguile ſur le Parallele de
la declination du Soleil 8. degrez 35. minutes, & tourne l'Horizon ſur l'Equateur, & trouue que la poincte de l'aiguile touche le 30. Paralleles, leſquelles ſe comptent de l'Equateur tirant au Pole, Partant i'ay apliqué la poincte de l'aiguile horaire en la meſme hauteur que celle du Soleil.

Cinquante.

Sçauoir comme deſſus & que la poincte de l'aiguile ſe trouue plus haut
que celle du Soleil.

L'Horizon ſur l'eleuation, la poincte de l'aiguile ſur le Parallele de la declination, l'Horizon tranſporter ſur l'Equateur, la poincte de l'aiguile ſe trouue plus haute que celle du
Soleil. Partant ilfaut tranſporter l'Horizon ſur le degré d'e-
leuation & faire gliſſer la poincte de l'aiguile ſur le Parallele de
ladicte declination du Soleil tirant de la part du clou petit à
petit, & tourner ledict Horizon ſur l'Equateur, & ſi ladicte
poincte ſe trouue plus haute que celle du Soleil, il faut rame-
ner l'Horizon ſur l'eleuation & derechef faire gliſſer ladicte
poincte ſur ledict Parallele & tranſporter ledict Horizon ſur
l'Equateur,& ainſi proceder tant de fois iuſque à tant que ladicte poincte ſe trouue iuſtement ſur le Parallele de la hauteur
du Soleil.

Cinquante & vn.

Sçauoir commme deſſus & que la poincte ſe trouue moins que la hau
teur du Soleil.

IL faut faire tout ainſi qu'il a eſté dict en la precedente, ſinon
qu'au lieu de gliſſer la poincte de la part du clou, il faut gliſſer icelle de la part du bord.

Cinquante deux.

Sçauoir de iour iuſtement l'heure egale par la hauteur du Soleil.

IL faut ſçauoir le degré du Soleil par la premiere, ſa declination par la 5. ſa hauteur par la 25. & par la 27. 28. & 29. appliquer la poincte de l'aiguile ſur le Parallele de la hauteur du
Soleil, & tranſporter ledict Horizon ſur le degré d'eleuation,
& le Meridien que touche ladicte poinctete monſtrera au cercle horaire l'heure egale ſçauoir celle du matin à celuy qui eſt
de la part du Pole apparant, & celle d'apres midy à celuy de
l'autre Pole non apparant, & chacun degré d'entre deux Meridiens contien t 4. minutes d'heure en ſorte que 15. eſpaces
d'entre leſdicts Meridiens contienent vne heure par ce que
l'heure eſt compoſee de 60. minutes.

Le 14. d'Octobre 1586. Ie trouue la hauteur du Soleil au

matin de 30. degrez sur l'Horizon de Paris. Et par les trois precedentes i'applique la poincte de l'Aiguile en telle hauteur en tournant l'Horizon sur 48. degrez & 40. minutes qui est l'eleuation de Paris, & trouue que la poincte de l'Aiguile touche le Meridien qui passe par onze heures du matin & par vne apres midy partant l'heure egale proposee, est onze heure du matin.

Cinquante trois.
Sçauoir la quantité du Iour Artificiel & de la Nuict.

IL faut sçauoir par la 46. l'heure du coucher du Soleil & la doubler, le Produict donnera la quantité du iour Artificiel, laquelle ostee de 24. le reste donnera la quantité de la nuict: tu auras le mesme si tu double l'heure du leuer du Soleil.

Par la 48. ie trouue que le Soleil se couche au 14. d'Octobre à Paris à 5. heures & enuiron 21. minutes, lequel nombre ie double, le produict donne 10. heures 42. minutes pour la quantité du iour Artificiel, lequel osté de 24. le reste donne 13. heures 18. minutes pour la nuict. Le mesme aduiendra si tu double l'heure du leuer du Soleil du iour proposé qui est 6. heures 39. minutes, le produict dónera 13. heures 18. minutes pour la nuict Artificiele.

Le iour Artificiel est du leuer du Soleil iusque au coucher, & la nuict du coucher du Soleil iusque à son leuer.

Cinquante quatre.
Sçauoir la hauteur du Soleil à telle heure de iour que l'on voudra
en temps nebuleux.

IL aduient le plus souuent que l'air est plain de vapeurs & nuages, & que par iceux empeschemens on ne voit le Soleil au trauers, & ne peut-on prendre sa hauteur, toutefois qu'il sera facile par ceste regle de sçauoir icelle.

Le costé de l'Horizon sur l'eleuation du lieu proposé, & le bout de l'Aiguile sur le Meridien de l'heure proposee, & la faire glisser sur iceluy iusque à tant qu'il soit sur le Parallele de la declination du Soleil, & apres tourner l'Horizon sur l'Equa-

D iij

teur, la poinǎe de l'Aiguile entre les Paralloles te montre la hauteur du Soleil de l'heure proposee.

Le 14. d'Octobre à onze du matin à Paris ſçauoir la hauteur du Soleil, ie poſe le coſté de l'Horizon ſur 48. degrez 40. minutes qui eſt l'eleuation, & la poinǎe de l'Aiguile ſur le Meridien de onze heures du matin, & la fais gliſſer tant qu'icelle touche le 8. Parallele,& deux tiers (qui eſt ſa declination) Meridionale, & tourne l'Horizon ſur l'Equateur & trouue que la poinǎe de l'Aiguile touche le 30. Parelleles, qui eſt la hauteur du Soleil de l'heure proposee.

Cinquante cinq.
Par l'Heure egale de Nuiƈt ſçauoir combien le Soleil eſt deprimé ſous l'Horizon.

LE coſté de l'Horizon ſur l'eleuation du lieu propoſé en ſorte que le Curſor ſoit de la part du Pole non apparant, & l'Index ou poinǎe de l'Aiguile ſur le Meridien de l'heure propoſee, & la gliſſer iuſque au Parallele de la declination du Soleil, & apres tourner l'Horizon ſur l'Equateur & la poinǎe de l'Aiguile monſtrera de combien le Soleil eſt deprimé ſous l'Horizon qui eſt la hauteur d'iceluy de nos Antipodes.

Et quand le Soleil ſe leue à nous, il ſ'abſconce à eux, & quand il ſe couche à nous il ſe leue à eux. Partant l'heure du coucher du Soleil à nous donnera celle du leuer à eux, & celle du leuer à nous donnera le coucher à eux.

Comme ſi le Soleil ſe couche à 5. heures à nous il ſe leuera à 5. heures à nos Antipodes, & ſ'il ſe leue à 7. heures il ſ'abſconſera à eux à la meſme heure.

Cinquante ſix.
Sçauoir combien d'heures ſont paſſez du leuer du Soleil iuſque à l'heure propoſee.

IL faut ſçauoir l'heure du leuer du Soleil par la 48. & l'oſter du nombre de la propoſee, le reſte donnera le nombre des heures qui ſont depuis le leuer du Soleil iuſque à la propoſée.

Et ſi la propoſee eſtoit apres midy, tu oſteras celle du leuer

de 12. & adiousteras le reste à l'heure proposee l'Addition donnera le nombre des heures.

Le 14. d'Octobre à 11. heures du matin sçauoir combien
d'heure sont passees du leuer du Soleil.

Ie trouue par la 48. que le Soleil se leue à 6. heures 39. minutes, que i'oste de l'heure proposee 11. le reste donne 4. heures 21.
minutes que le Soleil à amployé de son leuer iusques à 11. heures.   Et si c'estoit 4. heures apres midy i'osterois 6. heures 39.
minutes de 12. le reste donnera 5. heures 21. minutes auec les 4.
heures d'apres midy l'Addition donne 9. heures & 21. minutes
qui est le temps que le Soleil a amployé de son leuer iusque à
l'heure proposee.

Tu feras le mesme pour la Nuict.

Cinquante sept.
Sçauoir l'heure inegale de iour.

EN la Sphere droite le iour Artificiel contient tousiours 12.
heures egales, & autant la nuict, & parce que l'heure inegale est le temps de l'ascention de la moitié d'vn signe du Zodiaque, & qu'en chacun iour Artificiel il s'en eleue 6. sur l'Horizon.   De là s'ensuit que les heures egales & inegales sont
egales.

Mais en la Sphere Oblique il aduient le contraire car le iour
& la nuict Artificiel sont tousiours inegaux sinon aux Equinoxes où ils sont egaux.

Partant les heures egales & inegales sont le plus souuét inegales, qui est la cause pourquoy tu diuiseras la quantité du iour
Artificiel par 12. le Quotient donnera l'heure inegale par laquelle il sera facile de sçauoir qu'elle heure inegale il est.   Et cô-
mence leurs comtes à Soleil leuant qui est la premiere & fini au
couchant qui est la douziesme, & la sixiesme est tousiours finie
à Midy où commence la septiesme.

Le 22. de Iuin à 10. heures egales du matin sçauoir l'heure
inegale.

Ie trouue (par la 52.) la quantié du iour Artificiel estre de 16.
heures moins 3. minutes à l'eleuation de Paris, lequel nombre

ie diuife par 12. le Quotient donne 1. heure & vn tiers qui font
80. minutes pour chacune heure inegale dudict iour, & par la
48. le Soleil f'eleue prefque à 4. heures, que i'ofte de l'heure propofee 10. (felon la 56.) le refte donne 6. qui baillent 360. minutes,
que ie diuife par l'heure inegale 80. le Quotient donne 4. heures inegales finie, & refte 40. minutes qui demonftre qu'il eft 4.
heures & demie inegales.

Et fi c'eftoit 4. heures apres midy (felon la 56.) le temps de
puis le leuer du Soleil iufque à 4. apres midy eft 12. heures qui
vallent 720. minutes, l'efquelles diuifez par ladicte heure inegale 80. le Quotient donne 9. heures inegales finies & commence la dixiefme.

Cinquante huict.
Sçauoir qu'elle Planete domine de iour par l'heure inegale.

PAr le moyen des heures inegales qui fe referent aux Natu-
res & gouuernement des fept Planetes, il fera facile de fçauoir à telle heure de iour que lon voudra le Planet qui domine: Car par la denomination d'iceux & de leurs ordres font denommez les iours de la fepmaine, & à la premiere heure inegale d'vn chacun iour, le Planete de la denomination dudict iour
eft celuy qui domine, le Planet fuiuant gouuernera à la fecon-
de, & ainfi des autres fuiuant leur ordre qui eft de Saturne à Iupiter defcendant à la Lune faifant leur Circulation d'iceux
iufque à 25. qui fera le Planete de la denomination du iour fuiuant & celuy qui dominera à la premiere heure inegale.

Et l'ordre des planetes eft tel Saturne, Iupiter, Mars, le Soleil,
Vénus, Mercure, la Lune, & fe recommence le mefme comte
à Saturne, Iupiter fuiuant le mefme ordre qu'il a efté dit.

Et par cefte inftruction il eft aifé de fçauoir le Planet qui
domine.

Le famedy à 5. heures inegales fçauoir le Planet qui domine.

Et pour le fçauoir: ie comte Saturne, Iupiter, Mars, le Soleil
& Vénus qui eft le 5. Partant Vénus domine à ladicte heure
inegale.

Et fi l'heure inegale eftoit 10. felon l'ordre qu'il à efté dit, tu
trouueras

trouueras Mars qui dominera à 10.heures inegales.

Et fi tu ignore l'ordre des Planets & la denomination d'i-
ceux, il fera aifé de le fçauoir par la face des Mefures & hauteurs : car en icelle tu trouueras Saturne à l'Angle du Quarré des Vens où eft celuy de *Sueft* & fuiuant au contraire de
l'ordre des Images du Zodiaque & des Mois, tu trouueras
Iupiter à l'endroit de *Eft*, fuiuant apres eft Mars à l'endroit
de *Norteft*, & tirant à l'Armile pres le *Nort*, eft le Soleil, &
defcendant à *Nortoueft*, eft Vénus, & à l'endroit de *Oueft*, eft
Mercure, fuiuant apres à l'endroit de *Suoueft*, eft la Lune, &
apres recommence le comte à Sature.

Cinquante neuf.
Sçauoir l'heure inegale de Nuiẛ.

CEfte propofition ce faiẛ comme la 57. car en diuifant la
Nuiẛ artificielle par 12. le Quotient dônera la quantité de
l'heure inegale.

Le 22.de Iuin la Nuiẛ Artificielle à Paris eft de 8.heures, fçauoir l'heure inegale à 10. heures egales du foir, i'ofte l'heure du
coucher du Soleil 8.de la propofee 10. le refte donne 2. heures
qui vallent 120.minutes, que ie diuife par l'inegale 40. le Quotient donne 3.heures de Nuiẛ inegales. Et fi ceftoit à 2.heures
du Matin il faudroit ofter l'heure du couchant de 12.& adioufter le refte à l'heure propofee. Et reduire l'Addition en minutes & la diuifer par celle de l'inegale.

Comme 8.ofté de 12. refte 4. auec 2. font 6.qui baillent 360.
que ie diuife par l'heure inegale 40. le Quotient donne 9. heures inegales.

Soixante.
Sçauoir quel Planet domine de Nuiẛ par l'heure inegale.

A Ioufte l'heure inegale à 12.l'Addition donnera le quantiefme Planet qui doit dominer à l'heure propofee commen-
cant à celle du Soleil leuant precedant l'heure continuãt leurs
comtes felon leurs ordres iufque audiẛ quantiefme.

Comme en l'exemple precedant où l'heure inegale eftoit 9.
auec 12.font 21.

Et fi ceftoit la Nuiẛ du Dimenche tu commencerois ton

E

conte au Soleil & de là, à Vénus iufque à 21. & tu trouueras Mars qui dominera à 9.heures inegale de Nuict.

Soixante & vne.

Sçauoir le Zenit Oriental ou Occidental du Soleil ou des Eſtoiles de toutes eleuations.

PAr le zenit en ce lieu entédons l'arc de l'Horizon comprins entre le vray Orient ou Occident, & le poinct auec lequel le Soleil ſe leue,ou vne des Eſtoiles, Et pour cognoiſtre iceluy (appellé vulgairemant ſelon les Aſtronomes amplitude Orientale ou Occidentale) poſe le coſté de l'Horizon ſur le degré d'Eleuation & trouue la ſection de l'Horizon & du Parallele de la declination duSoleil ou de l'Eſtoile,& les degrez de l'Horizon qui ſont du poinct d'icelle iufque à l'Equateur donneront ladicte Amplitude.

Ie veux ſçauoir l'Amplitude du Soleil eſtant au 4. degré des Gemeaux à l'eleuation de Paris qui à 48.degrez 40.minutes.

L'Horizon ſur l'eleuation, ie trouue de la ſection de l'Horizon & du 21. Paralleles (qui eſt celuy du 4.des Gemeaux) iufque à l'Equateur 30.degrez pour ladicte Amplitude Septétrionale du Soleil.

Et ſi au meſme Horizon tu veux ſçauoir celle de l'Eſtoile appellee *Lira* ou *Vultur cadens*, qui a enuiron 38. degrez 48.minutes de declination,trouue la ſection de ſon Parallele 38,degrez 48. minutes & de l'Horizon , & d'icelle ſection à l'Equateur tu trouueras enuiron 70.degrez d'Amplitude Septentrionale.

Et celle de *Spica virginis*, qui à 8. degrez 48.min. de declination tu trouueras ſon Amplitude Meridionale à Paris de 14. degrez.

Soixante deux.

Par la quantité du plus grand iour Artificiel cognoiſtre la hauteur du Pole.

LE coſté de l'Horizon ſur la ſection du Tropique pres le Pole aparent & du Meridien de l'heure du coucher du Soleil , & le bout dudict coſté te monſtrera la hauteur du Pole.

Au plus grand iour de Paris le Soleil ſ'abſconce enuiron 8. heures & ſur la ſection d'iceluy Meridien & du Tropique de

Cancer, ie pofe le cofté de l'Horizon , & le bout d'iceluy monftre 48. degrez 40. minutes pour la hauteur du Pole à Paris.

Soixante trois.

Par la quantité de la plus grande Nuict Artificielle cognoiftre
la hauteur du Pole.

CEfte propofition fe faict comme la precedente finon qu'il
faut prendre l'heure du leuer du Soleil & operer comme il
a efté dict en la precedente.

Soixante quatre.

Cognoiftre le Zenit de la hauteur du Soleil eftant eleué
fur l'Horizon.

PRens la hauteur du Soleil par la 25 , & mettre le cofté de
l'Horizon fur l'eleuation par la 24. & apliquer la poincte de
l'Aiguile en telle hauteur par la 49, icelle te monftrera le cercle
Vertical, & les degrez, d'entre ce Meridien & celuy de 12. heures donneront l'amplitude tout ainfi que ceux qui font efcris
fur l'Horizon entre lefdicts deux Meridiens.

Le 3. de Decembre ie trouue la hauteur du Soleil à Paris à 10.
heures du matin de 14. degrez fçauoir fon Amplitude, l'Horizõ
fur l'eleuation 48. degrez 40. minutes, l'Aiguile fur la declination 21. degrez au Cercle, des heures , & l'Horizon tourné fur
l'Equateur , la poincte de l'Aiguile monftrera le Cercle vertical diftant du vray Orient de 61. degrez, & proche du Meridien
de 29. Et tous cercles qui paffent par le Zenit coupant l'Horizon egalement font appellez Cercles verticaux, & y en a 180.
diuifant l'Horizon en 360. degrez.

Soixante cinq.

Trouuer en toutes Regions les quatre parties du monde.

IL y a plufieurs & diuerfes manieres de trouuer les quatre
parties du monde defquelles la plus facile fe faict par le
moien du compas marin.

Car iceluy eftant fur le clou ou fur l'Armile , ou en mettant
iceluy fur la Meridienne auec l'vn des Index en forte que celle
du ftil ou fil luy correfponde, & l'autre Index fur l'Horizon, il
ne refte plus que de tourner l'inftrument au Niueau de la terre tant que l'Aiguile Aymentee foit fous la line qui eft caute-

-rizee au font du compas, & alors ſi tu regarde par l'Index de l'Horizon d'vne part & d'autre les points d'Iceluy te monſtre-rõt le vray Oriẽt d'vne part,& de l'autre l'Occident, & l'autre, Index le Septentrion d'vne part & de l'autre le Midy.

La ſeconde ſe faict par la 28. car apres auoir obſerué l'õbre & tiré la Meridienne au trauers le cercle, il ne reſte que de la couper par le centre en Angledroits l'vn des bouts monſtrera l'Orient, & l'autre l'Occident, & le bout de l'autre line le Se-ptentrion & ſon oppoſite le Midy.

La troiſieſme il faut trouuer le Zenit de la hauteur(par la precedente)& remarquer la Quarte & la diſtence d'entre ice-luy & l'Horizon ou le Meridien &cõter ceſte diſtance en l'au-tre Face & cercle de hauteur commençant à la line de 6.heu-res tant d'vne part que d'autre vers la quarte qu'a eſté trouuè ledict Zenit, & à la fin du comte mettre le coſté de l'Index, & diſpoſer l'inſtrument à l'equidiſtance & Parallele à l'Ho-rizon , & le tourner tant que l'vn des Raions du Soleil paſſe les fentes des pinules, ou paſſant par l'vne qu'il reſponde à lau-tre,ou qu'il touche ledict coſté,& les extremitez de l'Horizon te monſtreront le Vray Orient & Occidẽr,l'Armile & le point oppoſité le midy & ſeptentrion & ſera facile par ce moyen de les cognoiſtres, car le bout de l'Horizon qui eſt de la part où le Soleil ſe leue eſtl'Oriẽt & l'oppoſite l'Occidẽr,& celuy de la li-ne de Midy qui eſt de la part où eſt la plus grande hauteur du Soleileſt le vray Midy,& le bout oppoſité le Septentrion.

Le quatrieme eſt que ſi tu regarde le Pole Arctique le bras droict te monſtrera l'Orient & le ſenextre l'Occident & le point oppoſite du Polle, le Midy.

Soixante ſix.

Par la remarque du leuer & coucher du ſoleil ſur l'Horizon trou-uer la Meridienne auec les quatre parties du monde.

REgarde les deux remarques de l'Horizon par les pinules des Index,& la line menée du cẽtre par le point du milieu d'entre les deux Index eſt celle de Midy , de laquelle les extre-mitez monſtreront le Septentrion & Midy,& celle qui la cou-pe à droits angles L'orient & Occident   Tu feras le meſme par le leuer & coucher des Eſtoilles.

Soixante sept.

Trouuer la Meridienne par la remarque du leuer & coucher du Soleil ou Estoile.

POur le premier signe, fichez vn baston, & pour le second fichez vn autre baston droit au poinct de la remarque de l'Horizon ou s'est leué le Soleil ou estoile, & pour le troisiesme signe fichez vn troisiesme bastō (autant distant du premier qu'est le second) droict à la remarque de l'Horizon où le Soleil ou Estoile s'est couché en sorte que la ligne droicte menee du premier baston par le second responde au leuer, & celle dudict premier par le troisiesme baston responde au coucher, & poinct du milieu d'entre le secōd & troisiesme baston (marquer par vn quatriesme) mener vne ligne droicte au premier baston qui sera la Meridienne. Et par ce moyen le premier baston te monstrera le Septentrion, le quatriesme le midy, le second l'Orient & le troisiesme l'Occident.

Soixante huict.

Sçauoir combien le Soleil passera de Meridiens de telle heure proposee que l'on voudra Iusque à Midy, ou du Midy iusque à l'heure proposee.

TV osteras l'heure proposee de 12. & multiplie le reste par 15. le Produict donnera le nombre des Meridiens que le Soleil passera deuant que de paruenir au Midy.

Comme si l'heure proposee est 8. du matin laquelle ostee de 12. le reste donne 4 lequel multiplié par 15. le produict donne 60. Meridiens que le Soleil passera deuant qu'il paruienne au Midy, & si l'heure proposée est apres Midy, en multipliant huict par quinze le Produict donne 139. Meridiés que le Soleil à passé depuis le Midy.

Soixante neuf.

Trouuer l'Ascention droicte de chacun degré du Soleil au Zodiaque.

TV compteras les Meridiens qui sont depuis celuy qui passe par le premier poinct d'Aries iusque à celuy du degré du Soleil, la fin du compte donnera le degré de l'Ascention droicte du Soleil si elle est en ses 3. signes Aries, Taurus, Gemini: Car s'il estoit aux autres signes, il faudroit continuer selon le nombre qui eft efcrit fur l'Horizon iufque à tant que l'on aye trouué le degré du Soleil, car tout ainfi que les fignes font defcris d'vne part & d'autre de l'Ecliptique, tout ainfi il faut compter ladicte Afcention fur ledict Horzion.

Sçauoir l'Afcention droicte du 4. degré des Gemeaux, ie compte du Meridien d'Aries (qui eft l'Axe & Colure Equinoctiale du monde) iufque à celuy qui paffe par ledict 4. des Gemeaux, 62. degrez pour fon Afcention droicte. Et pour celle du 4. du Sagitaire ie trouue le 242. Meridien qui paffe par ledict 4. des Gemeaux lequel 242. eft fon Afcentiõ droicte. Et pour le 2. de Pifces, ie trouue 334. degrez pour fon Afcention droicte.

L'afcention droicte du Soleil eft l'arc de l'Equateur comprins entre le Meridien qui paffe par le premier d'Aries & celuy du Soleil, il faut entendre le mefme des Eftoiles Planetes & de chacun degré du Zodiaque.

Septante.

Trouuer l'Afcention droicte des Eftoiles.

L'Afcention droicte des Eftoiles eft l'arc de l'Equateur comprins entre le Meridien du premier poinct d'Aries & celuy de l'Eftoile. Cefte propofition cefaict comme la precedente & n'y a que de prendre garde en quel figne eft l'Eftoile.

Et le nombre des Meridiens qui font depuis celuy d'Aries iufque à celuy de l'Eftoile (felon l'ordre des fignes) donnera l'Afcention de ladicte Eftoile.

Exemple. Ie veux fçauoir l'Afcention droicte de Cauda Cygni qui eft en Aquarius, ie compte du Meridien du premier d'Aries iufque à celuy de ladicte Eftoile & trouue 307. degrez & enuiron 20. minutes.

Autremét pofe le cofté de l'Horizonfur l'Equateur & trouue le Meridien de l'Eftoile qui coupe ledict Horizon le nombre de la fection donnera l'Afcention droicte de l'Eftoile.

Et par ce que chacúMeridiens coupe deux fignes & qu'il fe roit difficile de fçauoir lequel des deux eftceluyde l'Eftoile i'ay mis cefte Table côtenantles plus groffes & apparentesEftoiles calculee en l'An 1585. auec leurs noms, declination, grandeur & Afcention droicte.

LA TABLE DE LA DENOMINATION DES
ESTOILES FIXES SEPTENTRIONALES, AVEC LA
Declination, Ascention droicte , grandeur & le
signe où elles sont.

Le nom des Estoilles.	*Declination.*		*Grandeur.*	*Ascention droicte.*		*Signes.*
	Degrez	Minutes		Degrez	Minutes	
Caput Meduzæ.	39	55	2	40	40	Taurus.
Perſei dextrum latus.	48	4	2	43	30	Taurus.
Oculus Tauri.	15	50	1	62	42	Gemini.
Hircus.	45	6	1	71	45	Gemini.
Siniſter humerus Orionis.	5	20	2	72	22	Gemini.
Deſter humerus Orionis.	6	30	1	83	28	Gemini.
Caſtor vel Apolo.	32	20	2	106	59	Cancer.
Polus vel Hercul.	28	29	2	110	16	Cancer.
Canicula.	6	7	1	109	40	Cancer.
Canis maior.	15	57	1	97	10	Cancer.
Cor Leonis.	13	52	1	146	53	Leo.
Cauda Leonis.	16	36	1	171	36	Virgo.
Humerus Vrſæ maioris.	62	34	2	161	23	Leo.
Cauda vrſæ. Prima Alioth.	57	35	2	188	5	Virgo.
Cauda vrſæ. Media.	56	56	2	195	26	Virgo.
Cauda vrſæ. Vltima Benan.	51	14	2	202	21	Virgo.
Arcturus Bootes.	22	0	1	209	13	Libra.
Vultur Cadens vel Lira.	38	48	1	275	12	Capricornus.
Aquila volans.	7	34	2	290	54	Capricornus.
Cauda cygni.	44	4	2	307	19	Piſces.
Lucida Coronæ.	18	31	2	228	58	Scorpio.
Caput Herculis.	15	20	3	252	48	Sagitarius.
Caput Ophiuchi.	13	7	3	258	29	Sagitarius.
Des Estoilles Fixes Meridionales.						
Eridanus.	40	42	1	43	12	Aries.
Siniſter pes Orionis.	9	12	1	73	8	Gemini.
Cingulum Orionis. præcedens.	1	18	2	77	44	Gemini.
Cingulum Orionis. Media.	1	48	2	79	38	Gemini.
Cingulum Orionis. Sequens.	2	39	2	81	30	Gemini.
Lucida Hydri.	4	58	2	138	36	Leo.
Corni. Roſtrum.	22	18	3	176	55	Libra.
Corni. Ala dextra.	15	45	3	179	10	Libra.
Spica Virginis.	8	48	1	196	51	Libra.
Libra. Auſtralis.	13	54	2	217	13	Scorpio.
Libra. Borealis.	7	42	2	223	29	Scorpio.
Cor Scorpionis.	24	50	4	241	00	Sagitarius.
Coxa dextera Centauri.	49	58	2	178	18	Libra.
Pes dexter Centauri.	49	52	1	185	39	Libra.
Piſcis Notius vel fomahand.	33	34	1	338	42	Aquarius.
Venter Cæti.	16	7	3	24	34	Aries.
Iuba Cæti.	7	6	4	28	20	Aries.

Septante & vne.

Trouuer la declination des Eſtoiles fixes.

LA declination d'vne Eſtoile eſt l'Arc de ſon Meridien com-prins entre l'Equateur & le centre de ladicte Eſtoile. Et le nombre des Paralleles d'entre l'Equateur & celuy de l'Eſtoile donnera la declination. Exemple.

Ie trouue entre l'Equateur & le Parallele de Lira (autre-ment *Vultur cadens*) 38. Paralleles 46. minutes.

Septante deux.

Sçauoir en quel ſigne du Zodiaque eſt chacune Eſtoile ſelon leurs Aſcen-tions droictes.

TRouue le nom de l'Eſtoile en la Table precedente & à l'endroit trouueras la Declination, Grandeur, Aſcention droicte & le Signe où elle reſide.

Comme à l'endroict de *Spica virginis*, ie trouue 8. degrez 48. minutes de declination Meridionale 196. degrez 51. minu-tes d'Aſcention droicte, & Libra eſt le ſigne où elle reſide.

Septente trois.

Sçauoir combien il y a de degrez & minutes depuis le meridien du Soleil iuſque à celuy de chacune Eſtoile.

TV oſteras l'Aſcention droicte du Soleil de celle de l'Eſtoi-le, le reſte donnera combien il y a depuis le Meridien du Soleil iuſque à celuy de l'Eſtoile.

Comme en oſtant l'Aſcention droicte 62. degrez du 4. des Gemeaux de celle de *Spica virginis* 196. degrez 51. minutes le reſte donnera 134. degrez 51. minutes qu'il y a du Meridien du Soleil iuſque à celuy de *Spica virginis*.

Septante quatre.

Sçauoir comme deſſus & que l'Aſcention droicte du Soleil ne ſe peut o-ſter de celle de l'Eſtoile.

TV oſteras l'Aſcention droicte du Soleil de 360. & adiou-ſteras le reſte à celle de l'Eſtoile. Comme en oſtant 242. degrez (qui eſt l'Aſcention droicte du 4. du Sagitaire) de 360. le reſte donne 118. auec l'Aſcention droicte *d'Oculus Tauri* 60. degrez 30. minutes de Gemini l'additiõ dõne 180. degrez 30. minutes pour la diſtãce d'entre le Meridien du Soleil & celuy *d'Oculus Tauri.*

Septente

Septente cinq.

Sçauoir combien il y a depuis vne Estoille iusque au Soleil.

OSte l'Ascention droicte de l'Estoile de celle du Soleil le reste donnera la distance d'entre l'Estoile & le Soleil.

Comme en ostant l'Ascention droicte de *Cor Leonis* 146. degrez 53. minutes de celle du Soleil 242. (estant au 4. du Sagitaire) le reste donne 95. degrez 7. minutes.

Et si l'Ascention droicte de l'Estoille ne se peut oster de celle
du Soleil, il faut l'oster de 360. & adiouster le reste auec celle
du Soleil, l'Addition donnera la distance qu'il y a depuis l'E-
stoille iusques au Soileil.

Comme en ostant l'Ascention droicte de Aquila qui est 291.
degrez de 360. le reste donne 69. auec l'Ascention du 4. des
Gemeaux 62. degrez l'Addition donnera 131. qu'il y a de l'E-
stoille au Soleil.

Septante six.

Sçauoir apliquer la poincte de l'Aiguile en telle hauteur sur les paral-
leles qu'a esté trouuee celle de l'Estoille auec le
Meridien où elle reside.

CEste Proposition ce faict comme la 49. 50. & 51. propositiō:
car apres auoir prins la hauteur de l'Estoile par la 27. l'Horizon sur l'Eleuation, la poincte de l'Aiguile sur le Parallele de
ladicte Estoille, il ne reste que de tourner l'Horizon sur l'Equateur, & si la poincte de l'Aiguile se trouue en mesme hauteur
entre les Paralleles qu'a esté trouuee l'Estoille par l'Index, la
poincte de l'Aiguille se dict estre apliquee, & sous icelle est le
Meridien où elle reside.

Mais si la poincte se trouuoit plus haute ou plus basse, il faudroit faire ainsi qu'il a esté dict du Soleil à la 50. & 51. proposition.   Exemple.

Ie trouue la hauteur de *Lira* de 50. degrez sur l'Horizon, &
pour apliquer la poincte de l'Aiguille en telle hauteur, ie pose
l'Horizon sur l'eleuation 48. degrez 40. minutes & la poincte
sur le Parallele de *Lira*, & tourne ledict Horizon sur l'Equateur,
la poincte de l'Aiguile se trouue sur 50. degrez, partant l'Ai-

F

guille se dict estre apliquee en telle hauteur qu'a esté trouuee l'Estoille.

Septente sept.

Sçauoir l'heure egale de Nuict par la hauteur d'vn Estoille.

IL faut appliquer la poincte de l'Aiguile en telle hauteur qu'a esté trouuee celle de l'Estoille, & remarquer le Meridien qui est sous la dicte poincte, & d'iceluy conter autant de Meridiés qu'il y a de Degrez d'Ascention droicte entre le Soleil & l'Estoille, & le Meridien de la fin du conte qui est celuy du Soleil donnera au Cercle horaire l'heure de Nuict.

Le 21.d'Octobre le Soleil au 28.de Libra(ie trouue à Paris qui a 48.degrez 40.minutes d'eleuation)la hauteur de l'Estoile appellee *Lira* de 41.degrez en la partie d'Occident sçauoir l'heure egale.

Ie pose le costé de l'Horizon sur l'Eleuation de Paris, la poincte de l'Aiguile sur le Parallele de *Lira* qui est 38.degrez 41.minutes, & tourne l'Horizon sur l'Equateur, la poincte de l'Aiguile touche le 41. Paralleles qui est la mesme hauteur qu'a esté trouué l'Estoille, & tourne le costé de l'Horizon sur le degré d'Eleuation & trouue que la poincte de l'Aiguile touche le Meridien de 8.heures deuant Midy, qui est celuy de 4.heures apres Midy, duquel ie conte la distance du Soleil à l'Estoile qui est 69. (à cause que l'ascention du 28. de Libra est 206. & celle de l'Estoile 275.) tirant à l'Occident, & le Meridien de la fin du conte donne 8.heures 36.minutes apres midy.

Septante huict.

Sçauoir conter la difference de l'Ascention droicte du Soleil à vne Estoile en la Sphere plate.

TRouue par les precedentes le Meridien qui passe par le degré du Soleil au Zodiaque, auec celuy de l'Estoile & conte de celuy du Soleil iusque à celuy de l'Estoile, la fin du conte dónera la difference.

L'Ascention droicte du 4.de Gemini est 62.degrez, celle de *Piscis Notius* 338. & conte du Meridien 62. (sur l'Horizon) iusque à celuy de 338. la fin du conte donne 176. degrez pour la difference de ladicte Ascention.

Septente neuf.

Trouuer le Meridien du Soleil quand la hauteur de l'Eſtoile eſt ſous le
Cercle Meridien:la plus grande hauteur d'vne Eſtoile eſt quand
elle eſt ſous le cercle Meridien du lieu propoſé.

TV conteras la difference de l'Aſcention droicte du Soleil à
l'Eſtoile,du Meridien d'Aries par Cancer tirant à celuy du
Capricorne retournant par deſſus ſelon l'ordre des Signes iuſque à la fin du conte.

Quand l'Eſtoile *Spica Virginis* , eſt ſous le Meridien de Paris,
le Soleil au premier de Cancer, ſçauoir trouuer le Meridien où
il reſide.

Par les precedentes ie trouue du Meridien du Soleil iuſque à
celuy de l'Eſtoile 105. degrez,que ie côte du Meridien de Cancer tirant à celuy du Capricorne,& trouue ſur la fin le Meridié
où reſide le Soleil au temps qu'a eſté prinſe la hauteur de l'E-
ſtoile , & en 24. heures le Soleil paſſe par deſſous tous les Meridiens.

Octante.
Par la hauteur Orientale d'vne Eſtoille trouuer le Meridien
que poſſede le Soleil.

TRouue la difference de l'aſcention droicte du Soleil à l'E-
ſtoile par la penultieſme,& conter icelle de puis le Meridien
où reſide l'Eſtoile à l'heure propoſee tirant au Cancer & de là
au Capricorne iuſque à la fin du conte qui ſera le Meridien où
reſide le Soleil au temps qu'a eſté prinſe la hauteur de l'E-
ſtoile.

Ie trouue la hauteur de *Lira* à Paris de 65.degrez en la partie
Orientale,ſçauoir le Meridien que poſſede le Soleil eſtant au 4.
des Gemeaux,ie trouue par la 78.la diſtance du Soleil à l'Eſtoile de 213. & le Meridien où reſide l'Eſtoile par la 76. eſt 60. &
d'Iceluy tirant au Cancer & de là au Capricorne , ie conte ladicte diſtance 213. la fin du conte donne le 273. Meridien où reſide le Soleil.

Octante & vn.
Par la hauteur Occidentale d'vne Eſtoille, trouuer le Meridien
que poſſede le Soleil.

F ij

CEste propofition ce faict comme la precedente excepté qu'il faut conter du Meridien que poffede l'Eftoile au têps de fa hauteur tirant au Capricorne, & la fin du conte donnera le Meridien que poffede le Soleil.

La hauteur Occidentalle de *Lira* de 74. degrez le Soleil au 4. des Gemeaux, la diftance d'entre eux 213. degrez, le Meridien que poffede l'Eftoile eft 105. (qui eft celuy d'vne heure) apres midy) & d'iceluy ie conte ladicte diftance 213. la fin du conte me monftre le 318. Meridien où refide le Soleil au temps de la hauteur prife de l'Eftoile.

Octante deux.

Par la hauteur d'vne Eftoille fçauoir l'heure egale de Nuict autrement que par les precedentes.

TRouue (par les precedentes) le Meriden que poffede le Soleil, & iceluy te môftreront au Cercle horaire l'heure egale de Nuict.

Comme en l'exemple precedant où le Meridien que poffede le Soleil eft 318. qui marque 3. heures 12. minutes du matin pour l'heure egale au temps que la hauteur de l'Eftoile *Lira* à efté prinfe.

Octante trois.

Par la plus grande hauteur d'vne Eftoile cognoiftre celle de l'Equateur, & premierement quand icelle eft entré le Zenit & l'Equateur.

DE la plus grande hauteur de l'Eftoile ofte fa declination, le refte donnera celle de l'Equateur.

Octante quatre.

Sçauoir comme deffus, & que l'Equateur eft entre le Zenit & l'Eftoile.

AIoufte la declination de l'Eftoile à fa hauteur Meridionale l'Addition donnera la hauteur de l'Equateur.

Octante cinq.

Sçauoir comme deffus, & que le Zenit eft entre l'Equateur & l'Eftoile.

TV ofteras la plus grande hauteur de l'Eftoile de 90. & de rechef ofteras le refte de fa declination, le dernier refte donnera la diftance d'entre le Zenit & l'Equateur laquelle diftance oftee de 90. le refte donnera la hauteur de l'Equateur.

Octante six.

Par la hauteur de l'Equateur trouuer celle du Pole.

TV osteras la hauteur de l'Equateur de 90. le reste donnera la hauteur du Pole.

Octante sept.

Sçauoir la hauteur du Nort ou du Sud par la plus grande hauteur d'vne Estoille & de sa declination. Selon les Mathelos, & premieremēt quand l'Estoile est entre le Zenit & l'Equateur.

LA plus grande hauteur d'vne (Estoille selon les Mathelos) est la distance d'entre le Zenit & l'Estoile.

Et pour sçauoir la hauteur du Pole. Aiouste la plus grande hauteur de l'Estoile à sa declination, l'Addition donnera la hauteur du Pole apparant.

Octante huict.

Sçauoir comme dessus & que l'Equateur est entre le Zenit & l'Estoile.

TV osteras la declination de l'Estoille de sa hauteur, le reste donnera la hauteur du Pole apparant.

Octante neuf.

Sçauoir comme dessus & que le Zenit est entre l'Equateur & l'Estoille.

OSte la plus grande hauteur de l'Estoille de sa declination, le reste, donnera la hauteur du Pole apparant.

Nonante.

Sçauoir à quelle heure egale se leue chacune Estoile & en tous Horizons.

APres auoir posé l'Horizon sur le degré d'eleuation du lieu proposé, il ne reste plus que de trouuer la distance du soleil à l'Estoile (par 78.) & conter icelle depuis le Meridien qui coupe l'Horizon & le Paralelle de l'Estoille tirāt au cancer retournant au capricorne, & le Meridien de la fin du conte donnera au Cercle horaire l'heure du leuer de l'Estoille.

Ie veux sçauoir à qu'elle heure se leue *Spica virginis*, à l'Horizon de Paris le Soleil au premier du Capricorne, l'Horizon sur le degré de l'eleuation de Paris, la distance du Soleil à l'Estoile 285. degrez 51. minutes, que ie conte du 12. Meridien qui coupe l'Horizon, & le Parallele de *Spica virginis*. 9. tirant au Cancer retournant au Capricorne & de là à Cancer, la fin du conte dóne le 298. Meridien qui monstre au Cercle Horaire vne heure & 52. minutes apres minuitpour le leuer de l'Estoille *Spica Virginis.*

Nonante & vn.

Sçauoir à quelle heure egale se couche chacune estoilles & en tous horizons.

POse l'Horizon sur le degré d'eleuation & conte du Meridien qui coupe l'Horizon & le Parallele de l'Estoille tirant au Capricorne retournant au Cancer, la distance du Soleil à l'Estoile & le Meridien de la fin du conte móstrera au Cercle Horaire l'heure du coucher de l'Estoile partant selon la precedéte, *Spica virginis* se couchera à 16. minutes qui est plus d'vn quart, d'heure apres midy le Soleil au premier du Capricorne.

Nonante deux.

Sçauoir l'Ascétion droiéte de la Lune: & de chacun degré du Zodiaque.

TRoue le degré du Zodiaque que possede la Lune (par la 15. & 16. proposition) & le nombre des Meridiés qui sont depuis celuy d'Aries, iusques à celuy qui passe par ledict degré (selon lordre des signes) donnera l'Ascention droiéte de la Lune. Par les precedentes la Lune au premier de Cancer, ie trouue entre le Meridié d'Aries & celuy de Cancer 90. degrez pour l'Ascention droiéte de la Lune & autát pour ledict degré du Zodiaque: car pour auoir l'Ascétion droiéte de chacun degré du Zodiaque il faut faire tout ainsi qu'il a esté dict du Soleil & de la Lune.

Nonante trois.

Sçauoir l'heure egale tant de Nuiét que de iour par la hauteur de la Lune.

IL faut prendre la hauteur de la Lune (par les precedentes) & l'apliquer sur les Paralleles (ainsi qu'il à esté dict du Soleil & des Estoilles) & tourner l'Horizon sur le degré d'eleuation, & conter du Meridien que touche l'Aiguille tirant au Cancer (si la hauteur de la Lune est Orientale) la distance du soleil a la Lune, & si elle estoit Occidentalle tu conteras du Meridien de l'Aiguile tirant au Capricorne selon l'ordre des signes, & le Meridien de la fin du conte dónera au Cercle Horaire l'heure egale soit de iour ou de Nuiét.

Nonante Quatre.
Sçauoir à qu'elle heure se leue la Lune.

CEste proposition se faict côme la 90.&n'en donnerons que l'Exemple. Quand le Soleil est au premier d'Aries & la Lune au premier du Capricone, ie trouue par les precedétes qu'elle se leue à 2. heures du matin à l'Horizon de Paris qui a 48. de grez d'eleuation & 40. minutes.

Nonante Cinq.
Sçauoir à qu'elle heure se couche la Lune.

CEste proposition se faict comme la 91. Soit repeté l'Exemple precedât & trouue par les propoßős cy deſſus a leguées que la Lune se couchera à 10. heures du matin estant au premier du Capricorne & le Soleil au premier d'Aries.

Nonante six.
Scauoir combien vne estoille est de temps sur l'Horizon
& Combien deſſous.

POse le costé de l'Horizon sur le degré d'eleuation & double l'heure qui est sous l'Horizon au Meridien qui coupe ledict Horizon & le Parallele de l'Estoille, le Produict dônera le nombre des heures que l'Estoille est sur l'Horizõ. Et si tu double celle du Meridien qui est sur l'Horizon, le Produict donnera le nombre des heures que l'Estoille est sous l'Horizõ. Comme à l'eleuation de Paris, ie trouue que le Meridien qui coupe l'Horizon & le Parelle de *Spica virginis* monstre sous l'Horizon. 5. heures & $\frac{2}{3}$ que ie double le produict donne 11. heures & $\frac{1}{3}$ que l'estoille *Spica virginis* est sur l'Horizon, & le mesme Meridien sur l'Horizon mostre 6. heures $\frac{2}{3}$ que ie double le Produict donne 13. heures & $\frac{1}{3}$ que *Spica virginis* est sous l'Horizon, faict le semblable des autres Estoilles.

Nonante sept.
Sçauoir la durée de temps que la Lune est deſſus l'Horizon
& combien deſſous.

TRouue l'heure du Meridien de son coucher (par la 95.)& la double, le Produict donnera combien de téps la Lune eſt ſur l'Horizon , lequel oſtez de 24. le reſte donne le temps qu'elle eſt ſous l'Horizon.

Comme ſi le Meridien du coucher te monſtre ſous l'Horizon 4. heures laquelle doublé, le Produict donne 8. heures que la Lune eſt ſur l'Horiſon , lequel nombre oſté de 24. le reſte donne 16. heures qu'elle eſt ſous l'Horizon.

Nonante huiĉt.

Sçauoir l'Aſcention des Images du Zodiaque en la Sphere droiĉte.

LE nombre des Meridiens comprins entre ceux qui paſſent par les extremitez du ſigne donnera ſon Aſcention droiĉte qui eſt egale à la Deſcention.

Comme entre le Meridien du premier d'Aries & celuy de la fin, il y a 27. Meridiens & $\frac{2}{10}$ qui vallent 27. degrez 54. minutes pour ſon Aſcention droiĉte, & autant pour ſa Deſcention.

Car en la Sphere droiĉte l'Aſcention d'vn ſigne eſt egale à ſa Deſcention. Et l'Aſcention d'vn ſigne eſt l'eſpace de temps que l'Arc de l'Equateur monte ſur l'Horizon auec le ſigne : que ſil eſt plus de 30. degrez, le ſigne monte droiĉtement, & moins de 30. obliquement : Et ſon 8. en la Sphere droiĉte qui montent & deſcendent obliquemét, & les 4. autres droiĉtemét, & ceux qui montent obliquement ſont Aries, Virgo, Libra, Piſces, & chacun monte auec 27. degrez 54. minutes , & autant pour la deſcente, & les 4. autres Taurus, Leo, Scorpius, Aquarius, chacun monte auec 29. degrez 55. minutes & de meſme la deſcente : Et les quatre qui montent droiĉtement ſont Gemini, Cancer, Sagitarius, Capricornus , & chacun monte auec 32. degrez & 11. minutes de l'Equateur , & autant la deſcente : Et iceux quatre derniers montent & deſcendent droiĉtement.

Nonante neuf.

Sçauoir l'Aſcention & Deſcention de chacun degré du Zodiaque en la Sphere oblique.

POſe l'Horizon ſur le degré d'eleuation , & conte d'iceluy à l'Axe du móde (ſur le Parallele dudiĉt degré du Zodiaque) le nombre des Meridiens, & l'Adiouſte à l'Aſcention droiĉte dudiĉt degré, l'Addition donnera l'Aſcention oblique.

Le premier de Gemini à 58. degrés 51. minutes d'Aſcention droiĉte,

droicte, l'Horizon fur 48. degrez d'eleuation Septentrionale,
ie trouue que d'iceluy iufque à l'Axe du monde fur le Parallele
du quatriefme de Gemini il y a 25. degrez 10. minutes, que i'o-
fte de l'Afcention droicte 58. degrez 51. minutes (à caufe que
Gemini monte obliquement fur ledict Horizon Septentrional
ainfi qu'il à efté dict) le refte donne 33. degrez 41. minutes
pour l'Afcention oblique Septentrionale du premier degré de
Gemini.

Et fi c'eftoit le premier du Sagitaire (qui eft le figne oppoffé)
il faudroit adioufter lefdicts 25. degrez 10. minutes à l'Afcentió
droicte 58. degrez 51. minutes l'Adition donnera 84. degrez &
1. minute pour l'Afcention droicte du premier du Sagitaire, qui
eft egale à la defcention du premier de Gemini, tout ainfi que
l'Afcention de Gemini eft egal à celle du Sagitaire : Car en la
Sphere oblique l'Afcention d'vn figne eft egale à la Defcention
de fon oppofite, & fa Defcétion egale à l'Afcention dudict oppofite.

Comme fi l'Afcention eft 40. degrez la Defcention de l'oppofite eft 40. degrez, & fi la Defcention eftoit 24. l'Afcention de
l'Oppofite feroit 24. & ainfi des autres. En la Spere droicte l'A-
fcention d'vn figne eft egale à fa defcention, & les fignes op-
poffez ont Afcentions & Defcentions egales.

Cent.

*Sçauoir la difference de l'Afcention droicte à celle de l'oblicque de
chacun degré du Zodiaque.*

POfe l'Horizon fur le degré de l'eleuation, & la partie du Parallele du degré du Zodiaque entre ledict Horizon & l'axe
du monde donnera la difference.

L'Horizon fur 48. Ie trouue entre iceluy & le 4. de Gemini
25. degrez 10. minutes pour la difference de l'Afcention droicte
à celle de l'Oblique.

Cent & vn.

*Sçauoir quand il faut adioufter ou fouftraire la difference de
l'Afcention droite à l'Oblique.*

QVand les fignes montent droittemét, Adioufte la differéce
des Afcentions à l'Afcention droicte. Et quand ils môtét

Obliquement Oste ladicte difference de l'Ascention droicte.

Et les signes qui montent droictement en l'Horizon Septentrional sont Cancer, Leo, Virgo, Libra, Scorpio, Sagitarius,
& descendent Obliquement, & en l'Horizon Meridional
iceux six signes montét Obliquement & Descendent droictement.   Et les autres six Capricornus, Aquarius, Pisces, Aries,
Tourus, Gemini, en l'Horizon Arctique, montent Obliquemét
& descendent droictement, le contraire aduient en l'Horizon
Antartique.

Cent deux.

Sçauoir l'Ascention & Descention des Images du Zodiaque en la
Sphere Oblique.

IL faut sçauoir la difference des Ascentions par la centiesme,
& l'adiouster à l'Ascention droicte du signe (s'il monte droictement) ou oster ceste difference de ladicte Ascention droicte
du signe (s'il monte Obliquement.)

Sçauoir à l'Eleuation Arctique de 48. l'Ascention du signe
du Taureau.

Ie trouue par la 98. son Ascentió droicte de 29. degrez 55. minutes, & par la centiesme la difference du premier degré est 13.
degrez 4. minutes & celle du dernier 24. degrez 8. minutes, &
en ostant le moindre du plus grand, le reste donnera 11. degrez
4. minutes pour ladicte difference laquelle i'oste de l'Ascention
droicte du Taureau 29. degrez 55. minutes, le reste donne 18.
degrez 51. minutes pour son Ascention Oblique qui est egale à
la Descention du Scorpio signe opposite, & si tu adiouste ceste
difference 11. degrez 4. minutes à l'Ascention droicte du Taureau, l'Addition donnera 40. degrez 59. minutes pour la Descen-
tió du signe du Taureau (qui est egale à l'Ascentió du Scorpio.)

Car en la Spere Oblique l'Ascention d'vn signe est egale à la
Descention de son opposite, & la Descention à l'Ascention.

Le contraire aduient en l'Horizon Antarctique, car les images du Zodiaque qui mótent & droictemét à l'Horizon Arctique, ils montent Obliquement à l'Antarctique, & ceux qui
montent Obliquement au dict Arctique montent droictemét
à l'Antarctique, & autant en l'vn qu'en l'autre Horizon.

Si vn figne monte droictement, il defcendera Obliquement
& f'il monte Obliquement, il defcendera droictement, & toufiours l'Afcention d'vn figne eft egale à la Defcention de fon
oppofite, ainfi qu'il à efté dict.

Cent trois.

*Trouuer le degré du Zodiaque du milieu du Ciel & fon Oppofite
à telle heure que lon voudra.*

QVand l'heure propofee eft deuant Midy, tu l'ofteras de 12.
& multiplie le refte par 15. & adioufte le produict à l'A-
fcention droicte du Soleil, le degré du Zodiaque qui fera fous
le Meridien de la fin du nombre de l'Additiõ donnera le milieu
du ciel, & l'oppofite l'Angle de la terre.

Et fi l'heure eft apres midy tu la multiplieras par 15. & adiou-
fteras le produict à l'Afcention droicte du Soleil, le degré du
Zodiaque qui fera fous le Meridien de la fin du conte donnera
le Milieu du Ciel, & fon oppofite l'Angle de la terre.

Le Soleil au premier de Cancer à 10. heures du matin, fçauoir
le degré du Zodiaque qui eft fous le Cercle Meridien.

Ie multiplie 2. heures par 15. le produict donne 30. que i'ofte
de l'Afcention droicte du Soleil 90. le refte donne 60. que ie
trouue fur l'Horizon, & le Meridiẽ de la fin du conte, paffe par
le 3. degré de Gemini, qui eft au milieu du Ciel & le 3. du
Sagitaire qui eft oppofite pour l'Angle de la terre.

Cent quatre.

*Sçauoir quand vne eftoille defcrite en la Spere Plate
eft fous le Cercle Meridien.*

IL faut fçauoir la diftance du Soleil à l'Eftoille par la 73. &
74. & fçauoir combien icelle contient d'heure, ou la diuifer
par 15. & ofter le Quotient de 12. le refte donnera l'heure du
matin que l'Eftoille fera fous le Cercle Meridiẽ (fi l'Afcention
droicte du Soleil eft plus grande que celle de l'Eftoille) Et fi elle eftoit moindre, il faudroit ofter icelle de celle de l'Eftoille, &
diuifer le refte par 15. le Quotient donnera l'heure d'apres Midy. Et fi les Afcentions eftoient egales le Soleil & l'Eftoile
feroyent à Midy tous deux fous le Cercle Meridien.

G ij

Cent cinq.

Sçauoir sous quel Cercle Meridien est vne Estoile à telle heure que lon voudra.

TRouue le Meridien du Soleil (par les precedétes & d'iceluy conter selon l'ordre des signes la difference de leurs Ascentions si celle de l'Estoile est plus grande que celle du Soleil) & au contraire si elle est moindre, & la fin du conte dônera le Meridien où est l'Estoile.

Le Soleil au premier de Cancer à 8. heures du matin sçauoir sous quel Meridien est *Occulus Tauri* qui à 60. degrez 40. minutes d'Ascention droicte lesquels ostez de celle du Soleil 90. le reste donnera 29. degrez 20. minutes, que ie côte contre l'ordre des signes (selon les raison dictes) du Meridien de 8. heures , & trouue 20. minutes du premier Meridien où reside l'œil du Taureau à l'heure proposee.

Cinquante six.

Trouuer le Meridiē de tous lieux par leurs Lõgitudes dessus la Sphere plate.

COnte la Longitude du lieu proposé sur l'Horison du premier Meridien d'Aries tirant à celuy de Cancer, & de là à la fin du Capricorne retournant à celuy d'Aries , & la fin du conte donnera le Meridien du lieu proposé. Côme Paris à 23. degrez 30. minutes de Longitude , que ie trouue sur l'Horison & la fin du conte donnera le Meridien de Paris.

Cent sept.

Trouuer le Parallele de tous lieux sur la Sphere plate par leur Latitude.

ILy a de deux especes de Latitudes sçauoir Septentrionale & Meridionales, & toutes les Latitudes des lieux qui sont entre l'Equateur & le Pole Arctique sont appellees Septentrionales, & les autres Meridionales, & pour sçauoir icelle, conte de l'Equateur sur le Meridien tirant au Pole Artique icelle Latitude (si elle est Septentrionale) la fin du conte donnera le Parallele.

Comme, Paris à 48. degrez 40. minutes de la Latitude Septentrionale, que ie conte sur le Meridien de l'Equateur tirant au Pole, & la fin du conte monstre le Parallele de Paris.

Cent huict.

Trouuer sur la Sphere plate le poinct de tous lieux par le moyen de leurs Longitudes & Latitudes.

TRouue le Meridié du lieu proposé & le Parallèle (par les pre
cedétes) & la section d'iceux dónera le poinct du lieu proposé. Paris à 48. degrez 40. minutes de latitude, & 23. degrez 30.
minutes de longitude, & le poinct de la section du Meridien &
du Parallele monstre le lieu de Paris.

Cent neuf.

Trouuer les Antipodes de tous lieux sur la Sphere plate.

TOus ceux qui sont aux deux extremitez de l'vn des diametres de la terre sont Antipodes l'vn à lautre & ont mesme Horizon & voient diuers Poles autant esleuez l'vn que
l'autre & equidistant de l'Equateur & autant de poincts qu'il
y à en l'vne des moitiez de la terre il y à autant de Diametre.

Et pour sçauoir les Antipodes de tous lieux, Aiouste 180. à la
longitude du lieu proposé, & le Meridien de la fin du conte
donnera celuy des Antipodes, sur lequel il faut conter la lati-
titude du Pole des Antipodes & la fin du conte donnera le
poinct des Antipodes. Paris à 48. degrez 40. minutes de latitude & 23 degrez 30 minutes de Lógitude auec 180. l'Aditió dóne 203. degrez 30. minutes, & sur le Meridien de la fin du nombre, ie conte la Latitude de Paris 48. degrez 40. minutes de la
part du Pole Antartique, & le poinct de la fin donne le lieu des
Antipodes de Paris.

Cent dix.

Trouuer les Anteciens de tous lieux sur la Sphere plate.

ANteciens sont ceux qui habitent sous vne mesme moitié
de Meridien & ont mesme Longitude, distãt egalement
de l'Equateur, voiét diuers Poles, ont les saisons au contraire,
& ont mesmes heures, & pour cognoistre iceux, trouue le Meridié du lieu proposé, & sur iceluy côte la Latitude dudict lieu
proposé de la part du Pole opposite & la fin du conte donnera
le lieu des Anteciens.

Cent & vnze.

Trouuer les periœciens en la Sphere plate par le moien
de la longitude & Latitude du lieu preposé.

ADiouste à la Longitude du lieu proposé 180. & conte l'A-
dition sur l'Horizon ou sur le Parallele de la Latitude, &

le poinct de la fin du conte donnera le lieu des Periœciens: & ii l'Addition est plus de 360. il faut les reietter & trouuer le reste comme il à esté dict.

Periœciens sont ceux qui voyent vn mesme Pole autant esleué sur leurs Horizons diuers l'vn que l'autre, habitant sous mesme Meridien & en diuerses moitiez diuisez par les Poles, ont les saisons, iours & nuicts egales en mesme temps l'vn que l'autre: Mais ilz ont les heures du iour & de la nuict au contraire: Car estant midy à l'vn il est minuit à l'autre, & quatre heures du matin à l'vn, il est quatre heures apres Midy à l'autre & ainsi des autres heures.

Cent douze.

Trouuer les Amphisciens Meridionaux & septentrionaux en la Sphere Plate.

TOus ceux qui demeurent entre les deux Tropiques sont Appellez Amphisciens, ils ont quatre Ombres deux Estez, deux Hyuers. Et ceux qui sont entre l'Equateur & le Tropique de Cancer sont appellez Amphisciens Septentrionaux, & les autres d'entre ledict Equateur & le Tropique du Capricorne Meridionaux, & sont facile à cognoistre par le moyen des deux Tropiques & de l'Equateur.

Cent Treize.

Trouuer les Periscÿ en la Sphere Plate.

PEriscij sont ceux qui demeurent sous les Cercles Arctiques & Antarctiques & Poles du monde, desquels ceux qui sont dedans le Cercle & Pole Arctique sont appellez Perisciens Arctiques, & les autres qui sont sous l'autre Pole & Cercle Antartique sont Perisciens Antartique. Et sont ainsi denommez à cause de leurs Ombres qui tournent à l'entour d'eux le temps de six mois qui voient le soleil, & les autres six moys ne le voiét pas, & n'ont qu'vn iour & vne nuict Artificiel le en vn an sçauoir six moys qu'ils voient tousiours le Soleil, & les six autres qu'ils ne le voient pas.

Cent quatorze.

Cognoistre les heterosciens en la Sphere Plate & Horaire.

TOus ceux qui demeurét entre le Tropique de Cancer & le
Cercle Artique font appellez Heterofciens Artiques,& les
autres qui habitét entre le Tropique de Capricorne & le Cercle Antartique font denommez Heterofciens Antartiques.

Cent quinze.

Cognoiftre ceux qui demeurent en la Zone Torride fur la
Sphere plate & Horaire.

TOus ceux qui demeurent entre le Cercle du Tropique de
Cancer & celuy du Capricorne font en la Zone Thori-
de & font appellez Amphifciens felon la 112.propofition.

Cent feize.

Cognoiftre ceux qui font aux Zones froides en la Sphere Plate.

TOus ceux qui habitent deffous les Cercles Artiques & Antartiques demeurent aux Zones froides,à caufe de la grande diftance qu'il y à d'iceux au Soleil, & que fes rayons font
grandement obliques,& efchaufent peu, & ne voient qu'enuiron fix moys le Soleil & les autres fix qui ne le voient pas,
Ils font appellez Perifciens.

Et ceux qui font fous le Cercle Artique demeurent en la Zone froide Artique : les autres qui demeurent fous l'autre Cer-
de font en l'autre Zone froide Antartique.

Cent Dixfept.

Cognoiftre ceux qui font aux Zones temperées en la Sphere Plate.

TOus ceux qui demeurent entre le Tropique de Cancer &
le Cercle Artique demeurét en la Zone temperées Septétrionale.   Et les autres qui demeurent entre le Tropique du
Capricorne & le Cercle Antartique demeurent en la Zone
temperée, Antartique. Et font cinq Zones en tout le monde.

Cent dixhuiét.

Faire tous Horloges Horizontaux en toutes Eleuations
par le moyen de la Sphere Plate.

IL faut mettre l'Horizon fur le degré de l'eleuation du lieu
propofé,& de fon centre tirant à l'vne de fes extremitez cô-
ter fur iceluy 15. degrez & le nombre du Meridiê qui paffe par

la fin du côte dõnera les degrez que côtient la premiere heure d'apres Midy qu'il faut efcrire à part.　Et le nombre du Meridien qui paffe par le 30. degré de l'Horizon donnera la fecõde heure, celuy qui paffera par la 45. donnera la 3. heure, l'autre qui paffera par le 60. donnera la 4. heures, par 75. la 5. & par 90. qui eft la fin de l'Horizon la 6. heure, tous lefquels nombres il faut efcrire à part.

Secondement il faut efcrire vn Cercle deffus la fuperfice plane où l'on veut faire l'Horologe & le diuifer en quatre parties egales par deux diametres, & diuifer l'vne des quartes en 9. parties egales, & l'vne d'icelles en 10. parties egales, l'vn des diametres fera la line Miridienne, & de l'vne des extremitez fur la circonferance tu conteras le nombre des degrez que contient la premiere heure & les prendras entre les pieds du compas aux parties de la circonferéce, & poferas l'vn des pieds à ladicte extremité de la Meridienne & de l'autre couperas ladicte conference qui fera la marque de la premiere heure, & ainfi pourfuiuras fur ladicte circonference pour auoir les autres.

Et pour auoir les autres heures tu prendras l'efpace d'entre 5. & 6. heures pour celle de 7. celle d'entre 4. & 5. pour celle de 8. celle de 3. à 4. pour celle de 9. de 2. à 3. pour celle de 10. de 1. à 2. pour celle de 11.

Et pour les heures du matin, tu côteras l'efpace de Midy à vne heure pour 11. heures du matin, de vne à 2. pour 10. heures, de 2. à 3. pour 9. de 3. à 4. pour 8. de 4. à 5. pour 7. de 5. à 6. pour 6. & l'efpace de 6. à 7. heures du matin pour 5. celle de 7. à 8. pour 4. de 8. à 9. pour 3. de 9. à 10 pour 2. & de 10. à 11. pour vne, & la 12. eft toufiours fur la Meredienne.

En pour l'Index tu côteras de la fin du diametre de 12. heures fur la circonference tirant à celle de 6. le nombre de l'Eleuation de l'Horologe, & du centre par la fin du conte tu defcriras vne line droicte qui te reprefentera l'Axe du monde, & vne autre à l'extremité du diametre de 12. heures & en Angles droicte qui reprefentera la hauteur du Pole tant qu'elles f'entrecoupent & feront vn triangle lequel efleué droictement

ment

ment, l'ombre d'iceluy te monstrera les heures par le rayon du Soleil tant deuant qu'apres midy.

Cent dixneuf.

Faire tous Horologes verticaux par le moyen de la Sphere plate.

L'Horizon sur l'Eleuation, le costé du Cursor sur le centre en sorte que la fin touche au cercle horaire le degré de Latitude, & les degrez de l'espace dudict Cursor comprins entre le cercle des Latitudes & la section du 15. Meridien (qui est celuy d'vne heure) donnera la premiere heure, celle d'entre le Meridien d'vne heure & celuy de deux donnera la seconde heure, celle d'entre le second & le troisieme donnera la troisiesme, celle d'entre le 3. & 4. la quatrieme, celle d'entre le 4. & 5. la cinquiesme, & celle d'entre le 5. & 6. la sixieme heure d'apres midy qui finist au centre.

Et par le moyen desdictes six heures apres midy. Il sera facile d'auoir celle de deuant midy, car l'espace de la premiere heure est egalle à celle de vnze, & celle de deux à celle de dix, celle de 3. à celle de 9. celle de 4. à celle de 8. celle de 5. à celle de 7. celle de 6. à celle de 6. qui feront les 12. heures de l'Horologe commençant à 6. heures du matin & finissant à 6. heures apres midy & n'y peut auoir plus de 12. heures ausdicts Horologes verticaux, à cause que le Soleil ne peut ietter ses rayons dessus qui ne soit 6. heures du matin & moins de 6. apres midy.

Et pour auoir l'Index ou le stil, compte sur la circonference (commençant à la Meridienne) la hauteur de l'Equateur, & du centre par la fin du compte descris vne ligne droicte entre la circonference, & vne autre à l'extremité de la Meridienne en angles droicts, & ses deux lignes auec la Meridienne feront vn triangle pour le stil, par lequel l'ombre d'iceluy monstrera les heures tant deuant qu'apres midy.

Cent vingt.

Sçauoir dresser tous Horologes aux quatre parties du monde.

CEste proposition est facile par le moyen de la 28, 65, 66, 67 & autres propositions, car apres auoir trouué la Meridiéne, il ne reste que de preparer la place pour la situation de l'Horologe, & quand l'ombre de l'Index du cercle sera sur la Meridenne tourne & retourne à Niueau ton Horologe en sorte que l'ombre du Soleil soit sur la 12. heures, & estant ainsi attaché, iceluy te seruira pour sçauoir incontinent l'heure egale tant deuant qu'apres Midy par les Rayons du Soleil.

Cent vingt & vn.

Sçauoir comment il faut disposer l'Index ou stile horaire de tous Horologes Horizontaux & Verticaux.

POur l'Horologe Horizontal, tu disposeras sa superfice au Niueau de l'Horizon aux quatre parties du monde, en sorte que la perpendiculaire de l'Index soit de la part du Nort, laquelle represente sa hauteur.

Quand à l'Horologe Vertical tu le disposeras à plõb contre la muraille droictement au Midy, Côme il a esté dict, en sorte que la circonference soit sous le Diametre, & ledict Diametre Parallele à la terre, & la perpendiculaire de l'Index ou du Stil en angles droicts sur la ligne de 12. heures, & l'autre qui represente l'Axe, au centre de la moitié du cercle.

Cent vingt deux.

Par l'heure de Nuict que marque le nombre du Stil de l'vn des Horologes aux Rayons de la Lune, sçauoir l'heure egale.

APres auoir remarqué l'heure que faict l'ombre du Stil aux Rayons de la Lune sur la superfice de l'vn des Horologes, il ne reste plus que de trouuer icelle dedans le cercle des heures (qui est le plus petit de la face des mesures & le plus proche de la Rouëtte Lunaire) & sur icelle mettre le costé de l'Alidade sans le mouuoir, & tourner la Rouëtte Lunaire tant que le iour de l'aage de la Lune de la Nuict proposee soit sous ledict costé dudict Alidade, & le plus grand costé de l'Index Lunaire monstrera l'heure egale. Ie trouue de Nuict la Lune luisante qui mõstre par ses Rayõs aux Horologes l'õbre du Stil estre sur 10, heure du matin, laquelle ie trouue au cercle horaire en la face des hauteurs, & sur icelle ie pose le costé de l'Alidade, & fais tourner la Rouëtte tãt que le iour de l'aage de la Lune qui est 12. (pour la nuict proposee) soit sous le costé dudict Alidade, & vois le plus grand costé de l'Index Lunaire sur 7. heures & enuiron deux tiers apres midy. Tu feras le mesme de toutes autres heures de nuict proposees. Qui sera la fin de ce liure, lequel bien entendu, il sera facile d'entendre les autres qui sensuiuent.

LA TABLE DES DEFINITIONS ET PROPOSI-
tions contenues en ces deux Liures.

www.ingramcontent.com/pod-product-compliance
Lightning Source LLC
LaVergne TN
LVHW021758170726
843503LV00007B/2907